Lo que tú piensas hoy
como te sientes hoy. Lo
piensas hoy, constru

— *Luz Stella Rozo*

A través
informaci
los cambi
mismo, m
nía en tus
   Todo lo
samiento
decretar c
te propici
mayor bie
y pensami
za de la pa
poderosa
que estás
   También
miento tal
kras y la l
en tu desa
   ¡Aplica e
los cambio

Acerca de la autora

Luz Stella Rozo es una escritora de temas de auto-ayuda, superación y mejoramiento personal, así como de índole mística, esotérica y espiritual. Conocida en varios países de habla hispana, especialmente en Venezuela, por más de cinco años ha mantenido columnas permanentes en los principales diarios y revistas del país.

Igualmente exitoso ha sido su programa semanal de radio llamado *La hora del conocimiento*, donde frecuentemente invita personalidades famosas con conocimientos en estos tópicos.

Desde muy joven Luz Stella se interesó y dedicó a estudiar los temas que actualmente, basada en la experiencia adquirida por más de veinticinco años, maneja con tanto dominio, sencillez y claridad.

Correspondencia a la autora

Para contactarse o escribirle a la autora, o para obtener más información sobre este libro, envíe su correspondencia a Llewellyn Español para serle remitida al mismo. La casa editora y la autora agradecen su interés y sus comentarios sobre la lectura de este libro y sus beneficios obtenidos. Llewellyn Español no garantiza que todas las cartas enviadas serán contestadas, pero le asegura que serán remitidas a la autora.

Por favor escribir a:

Luz Stella Rozo
‰ Llewellyn Español
luzestela@cantv.net • www.luzestela.com
2143 Wooddale Drive, Dept. 978-1-56718-590-4
Woodbury, MN 55125-2989 U.S.A.

Incluya un sobre estampillado con su dirección y $US1.00 para cubrir costos de correo. Fuera de los Estados Unidos incluya el cupón de correo internacional.

Muchos de los autores de Llewellyn tienen sitios en Internet con información y recursos adicionales. Para más información, visite nuestro website en:

http://www.llewellynespanol.com

Éxito
Sin Límites

LUZ STELLA ROZO

Llewellyn Español
Woodbury, MN 55125-2989, U.S.A.

PRIMERA EDICIÓN
Séptima Impresión, 2009

Edición y coordinación general: Edgar Rojas
Diseño de la portada: Lisa Novak
Diseño del interior: Pam Keesey
Ilustraciones del interior: Carrie Westfall

Library of Congress Cataloging-in-Publication Data.
Biblioteca del Congreso. Información sobre ésta publicación.

Rozo, Luz Stella.
    Exito sin límites / Luz Stella Rozo. — 1. ed.
        p.   cm.
    ISBN 13: 978-1-56718-590-4
    ISBN 10: 1-56718-590-8
    1. Success.   I. Title.
    BJ1615.R69 1999
    158.1—dc21   99-36054

Llewellyn Español
Una división de Llewellyn Worldwide, Ltd.
2143 Wooddale Drive, Dept. 978-1-56718-590-4
Woodbury, MN 55125-2989, U.S.A.

www.llewellynespanol.com

Impreso en los Estados Unidos de América

Dedicatoria

A mi pequeña sobrina Samantha Ramírez Bagés, quien nació en un momento privilegiado: durante el eclipse del 26 de febrero de 1998. Por tal motivo, le decreto en armonía con la Gracia Divina, muchísimos eventos maravillosos a lo largo de su vida.

Agradecimiento

A Nelly Rozo Gálvez y a María Elisa Gánem Rozo por el apoyo incondicional que siempre me han prestado y por su valiosa colaboración en la corrección de esta obra. Igualmente a mis amigos Luis Lameda y Lucrecia Oropeza, quienes me ayudaron desinteresademente en la corrección del manuscrito. Gracias.

Del tamaño de tu fe,
será el tamaño de
la respuesta.

Contenido

El descubrimiento más importante de mi época es que los seres humanos pueden mejorar sus vidas únicamente cambiando sus actitudes mentales.

— *William James*
1842-1910

capítulo uno

¿Qué es un decreto?

Según las enciclopedias, la palabra *decreto* quiere decir la orden o ley que da un soberano a fin de que sea ejecutada, cumplida.

Los reyes dictaban las leyes y ordenanzas, llamándolas *reales decretos* y posteriormente se ha ido empleando esta palabra en muchos eventos, especialmente en la jurisprudencia.

De tal manera, querido lector, que la palabra *decreto*, aplicada en nuestro caso, es una orden terminante que nosotros damos y que indiscutiblemente es cumplida en alguna parte. Es muy importante saber esto, porque la mayoría de las personas constantemente están decretando sin darse cuenta, acontecimientos y respuestas que en ningún momento consciente desean para sí mismas, e incluso para los demás, o al menos, para algunas personas.

No solamente decretamos con nuestras palabras. Es bien sabido que la palabra tiene una gran fuerza. La palabra es el verbo. El verbo es Dios. Esto quiere decir que la palabra proveniente de lo más profundo de nosotros mismos sale cargada con la fuerza procedente de la Divinidad que mora en nosotros. Y como tal, está magnetizada de esa Divinidad y por ende de los poderes de la Divinidad.

> **Un decreto es la realización a priori de algo. Decreta día a día, ser cada día mejor.**
>
> — *Ivonne Abreu*

Más poderoso aún que la palabra es el pensamiento. El pensamiento es el creador absoluto de lo que se convierte en realidad. Toda idea nace en la mente; es una semilla que luego el ser humano se encarga de darle existencia. Esto en cuanto a proyectos materiales. Pero hay en el Éter, en el Cósmico, muchas energías provenientes del pensamiento humano, esperando igual que hacen los aviones cuando circunvalan los aeropuertos que les den la orden de aterrizar. En el caso de los pensamientos, están esperando la ocasión más propicia, la orden, o el empujoncito para hacerse tangibles.

El ser humano constantemente está decretando ya sea consciente o inconscientemente. Lo que busca este libro, es que el lector se familiarice y se haga responsable de los decretos que emite. En otras palabras, que aprenda a decretar. Porque muchas veces conocemos una ley cósmica, pero no hemos aprendido a usarla en nuestro propio beneficio y en el de los demás.

Se puede decir con toda certeza que no hay nada que el ser humano no pueda crear, partiendo de una simple idea, inclusive ideas que en un principio han parecido totalmente descabelladas, locuras o quimeras, tal como los viajes espaciales, los experimentos en las grandes profundidades del océano y el fascinante mundo de la electrónica de hoy en día. Esto de la creación humana es igual a: "No hay nada que el hombre pueda concebir mentalmente, que no pueda reproducir materialmente". "No hay nada que el hombre desee y cree mentalmente, que no pueda atraer hacia él". Lógicamente todo esto se hace a través de la ayuda del mundo espiritual. Porque todos esos fabulosos "inventos" y "descubrimientos" no han sido más que "regalos" que la Jerarquía o el Cósmico han dado en inspiración a alguien que se lo merece porque ha puesto su ingenio y su esfuerzo en atraer la solución o la respuesta a determinada interrogante.

Pero hay un pero...y este pero funciona, aunque haya sido aplicado inconscientemente. Porque déjame decirte, mi querido lector: hay personas inclusive ateas que aplican las leyes espirituales de una manera perfecta y por lo tanto obtienen resultados perfectos. Simplemente, se guían por la ley natural: no desear mal a nadie. El pero es si no hay intención correcta. Intención pura y el debido entonamiento o comunicación con el mundo espiritual, los canales estarán obstruidos o definitivamente cerrados. Por eso vemos gente que se queja: ¿Pero cómo es posible que me vaya tan mal, si yo nunca he hecho daño a nadie? A esta interrogante, tiene que haber quizás no una, sino varias respuestas, aunque la persona parta de una verdad: de que no hace mal a nadie conscientemente.

Efectivamente, hay mucha gente que no mata a nadie, no infringe daño corporal a nadie, pero sí, en su pensamiento y en sus deseos, no quiere que nadie tenga más de nada, que él, inclusive, ni igual. Eso es hacer daño. Oponerse o dolerse del éxito de los demás. Dejar que un gusanito le escarbe en sus sentimientos porque ve que el vecino es feliz. El del frente se compró un automóvil mejor o más moderno, etc.

Si realmente queremos que nuestros decretos se hagan realidad, debemos alegrarnos por el bien que los demás tienen y nosotros no. Y cuando decretemos, hagámoslo deseando lo bueno y lo mejor para el mundo entero. Que de todas maneras, el sol sale para todos. El hecho de que los demás tengan, no significa que te están quitando a ti. Decretar el bienestar para tus hermanos, no te cuesta ni un centavo, no te despoja de nada. Por el contrario: generará muchos beneficios. Recuerda: *recibirás lo que das (deseas, pides para otros, etc.) y con añadidura.*

Así como hay decretos positivos, también los hay negativos. Mucha gente ya sea consciente o inconscientemente, en la mayoría de los casos, constantemente está decretando en su contra. Personas que las veinticuatro horas diarias están echándose basura encima y después se extrañan de verse sucias.

Los sentimientos ruines, la envidia, los malos deseos, las imprecaciones, maldiciones, palabras obscenas y elementos nocivos que introducimos a nuestro organismo, son decretos, ordenes, realidades contra nosotros mismos. Es muy importante, mi amado lector, que te concienties sobre este particular.

Si vives con alguien, pídele a esa persona que, sin que te des cuenta, vaya llevando el cómputo de las ocasiones en que maldices, te quejas, eres derrotista, negativo, etc. De las veces que le deseas mal a alguien. Igualmente pídele lo mismo a un compañero de trabajo.

Sin embargo, nadie puede hacer el recuento de tus pensamientos. Pero tú, si. Escribe en un papel cuando has deseado que el conductor que casi te lleva por delante, o adelantó de mala manera el automóvil en que tú ibas, se accidente más adelante, o se estrelle, etc. A cuántas personas has matado en tu vida? Es posible que te extrañe esta pregunta.

Sinceramente analiza, cuántas veces has dicho o deseado, o pensado: Ojalá se muera. Ojalá se pudra. Ojalá lo maten, ojalá lo parta un rayo. O, cómo me alegraría si se muriera, etc. Además de ojalá se caiga, le vaya mal, se hiera, etc. Todos estos son decretos negativos que van únicamente en tu contra.

La confianza en sí mismo es el primer secreto del éxito.

— *Ralph Waldo Emerson*

capítulo dos

Importancia de la auto-estima

La mayoría, por no decir todas, las religiones le dan una gran importancia al amor que se le debe tener a nuestro prójimo. Veamos algunos ejemplos: "Sé gentil con el vecino que es tu pariente y con el vecino que no lo es". (Corán). "Tiende tu mano al pobre y al necesitado". (Enseñanza judaica). "Mientras más ayudes a tu prójimo, más te ayudas a ti mismo". (Precepto del taoísmo). Incluso, para hacer énfasis en el amor a nuestros semejantes, el fundador de las iglesias cristianas, Jesús de Nazaret dijo: "Ama a tu prójimo como a ti mismo". En esta forma, está dando por sentado que lo más importante para alguien es su propia persona. Que para ti, lo más importante eres tú. Está diciendo esto, basado en una realidad absoluta. La persona equilibrada emocional y mentalmente se quiere. Tiene perfectamente desarrollado el sentido de la auto-estima. Ese auto-amor, es el que se utiliza como parámetro para medir el afecto y el cariño que debemos tener a los demás.

Quien no aprecia la vida no la merece.

— *Leonardo da Vinci*

Esto es muy cierto. Y quien se ama a sí mismo está en capacidad de amar a los demás. Es un ser en principio sano psicológicamente. Los individuos con enfermedades mentales, uno de los primeros alicientes que pierden es el interés por su propia persona. Comienzan por descuidar su apariencia personal, su higiene, etc., llegando incluso a atentar contra su propia integridad física y aún su propia vida.

No puedes ser feliz, sino te quieres a ti mismo.

En la baja auto-estima están implicados los complejos de inferioridad. Cuando la persona ya sea por propia inclinación o porque le ha sido inculcado debido a su formación, tiene la tendencia a subestimarse y a menospreciar sus poderes, capacidades y habilidades, su vida es una constante de derrotas y fracasos.

Si siempre te subestimas es porque no te quieres.

— *Anónimo*

Hay gente que inclusive le da vergüenza andar derecho, porque cree que los demás lo van a ver como prepotente.

En todas partes y en todas las épocas, ha habido y hay personas que por complejo de inferioridad sufren de timidez. Estos dos compañeros son indeseables si quieres triunfar en la vida. Tú mismo conocerás a algunas personas que se quedan estancadas por temor propio de su timidez. Temor a hablar no solamente en público, sino a ser rechazados por el sólo hecho de haber hablado. Miedo a relacionarse con otras personas porque no quieren que se fijen en ellos. Vergüenza de que los miren, etc. Estas personas son difíciles de entender y aún de tratar para sus más allegados.

El sentimiento de auto-estima está profundamente interconectado con el sentido de conservación, el que aunque parezca mentira es mucho más fuerte que el instinto de reproducción. Esto fue comprobado por psicólogos y psiquiatras que estudiaron detenidamente la conducta psíquica y emocional de millones de prisioneros en los campos de concentración nazis durante la segunda guerra mundial.

Entre las muchas personas que me escriben, tengo una "amiga invisible" (porque no la conozco) quien en sus cartas desahoga conmigo su gran complejo de inferioridad. Ella misma se duele de él y ardientemente quiere quitárselo. Por supuesto que mis respuestas son producto de mi mejor interés por ayudarla. En cierta ocasión fui a dictar un taller a la ciudad donde ella vive. Como siempre había demostrado tantos deseos de conocerme y asistir a mis seminarios, le escribí con antelación diciéndole que era mi invitada especial y así tendría el gusto de conocerla. Me quedé esperándola. Posteriormente me explicó que no había ido porque tenía vergüenza de que la conociera y viera lo fea e insignificante que es. Por supuesto que esta mujer que está por los treinta, nunca ha tenido novio y su vida es un rosario de constantes fracasos. Sin embargo, en mis cartas sigo insistiéndole que estudie y está sacando una carrera universitaria con mucho trabajo. Cuando recibo sus misivas, ya sé de antemano lo que voy a leer: quejas sobre ella misma.

También tengo otro "amigo" de los que he hecho a través de mis charlas, conferencias, cursillos y columnas que mantengo en los principales periódicos de Venezuela, así como un programa radial. Este señor está convencido de que todo el mundo lo odia, envidia, le hace brujería, etc.

Incluso ha venido a Caracas a conocerme. En esa entrevista donde no solamente le regalé mi tiempo y un ejemplar de cada uno de los libros que he escrito; también lo obsequié con palmaditas en el hombro, apretones de manos, le dije que era "guapísimo, elegante, no aparenta los años que tiene". En fin, en todas las maneras posibles, traté de halagarle su ego y quitarle de la cabeza esa manía persecutoria.

Se fué feliz para su ciudad. Posteriormente llegó una carta con un mechón de pelo (no sé con que fin), su fotografía y la lista de calamidades: su mujer lo dejó, sus hijos están de acuerdo con ella. Hasta su propia familia (padres, hermanos) son de la misma opinión de su esposa. No consigue trabajo, etc. Es el caso típico de la persona que se dedica a autodestruirse y se siente perseguida por toda la humanidad. Es gente que se auto-impone una serie de restricciones. Para estas personas es muy difícil, pero no imposible cambiar. Si siguen así es casi imposible que alcancen algo positivo en su vida. Por el contrario, una derrota llevará a otra derrota, un fracaso a otro fracaso, empeorando cada vez más la situación. Y lo peor es que siguen empecinadas en que no es su culpa, sino de los demás.

Muchas veces estas limitaciones han sido clavadas, fundidas, marcadas indeleblemente a través de la educación.

Recibidas en la leche materna y reforzadas en el diario vivir de la niñez y la juventud. Por lo tanto, no pueden desaparecer como por milagro. Pero esto no quiere decir que no se logre eliminarlas. Otras veces son sostenidas y reforzadas mediante el pensamiento que es energetizado todos los días y a cada momento. Estas barreras son muy fáciles de dejar atrás cuando la persona aprende técnicas de pensamiento positivo, ya sea a través de estudios de misticismo, esoterismo, o simplemente enseñanzas como las que se imparten en este libro.

Si no te importa nada, es porque no eres nada.

Dentro de la propia estima está el abrirnos a los planes de Dios. Tenemos que hacernos conscientes de nuestra propia Divinidad. Eso por supuesto tiene que darnos un sentimiento de valía hasta de orgullo. Comprender nuestra propia Divinidad es muy importante porque nos permite entender lo que somos capaces de crear, de proyectar y de hacer. Nos volvemos conscientes de que podemos crear nuestras propias circunstancias de manera tal que sean engranajes de una maquina factible de orientar hacia un determinado objetivo benéfico para nosotros.

En el momento, mi querido lector, en que tú te des cuenta de todo lo que representa Dios dentro de ti, desde ese instante tu vida cambiará para mejor.

Si realmente quieres poseer el dominio de la vida, debes asegurarte de estar en el mismo nivel vibratorio de tus sueños y aspiraciones. Seguro de que tienes la capacidad y la habilidad de lograr lo que deseas hacer. Por lo tanto, desde ese preciso momento, tienes que utilizar tu propio poder divino para obtener las mejores condiciones para ti. Aún en la ocasión más insignificante, en el gesto más repetido de todos los días, no pierdas de vista que eres un ser superior.

Toma la determinación de expresar la grandeza de Dios en todos tus actos, por más baladíes que te parezcan. A lo mejor a ti te parecen insignificantes y para otra persona, un acto que tú realices revistiéndolo con la grandeza de Dios, puede ser algo que marque su vida para bien.

Todas las creaciones son efecto de un
arte, o de un poder, o del pensamiento.
Algunas provienen del azar o de la fortuna.
Estas son producciones colaterales.

— *Aristóteles*

capítulo tres

Aprende a crear

Si realmente quieres dirigir tu propia vida como a ti te plazca y no como te lo permitan las circunstancias (creadas por otros y no por ti), tienes que aprender a crear. Se crea decretando. En realidad no vas a aprender a crear. Vas a recordar cómo se crea. Porque también debes recordar que el ser humano es un co-creador junto con Dios. No es el ayudante o el asistente del Creador. Es un socio en la creación. Prueba de ello es que si tú no lo admites o no aceptas o interceptas, Dios no puede hacer milagros en tu vida.

Es muy importante entender que hay una gran diferencia entre crear algo y desear algo o simplemente tener la esperanza de que algún día, *"ojalá" yo pudiera tener esto o aquello.* Es fundamental saber con precisión lo que realmente deseamos y cómo lo deseamos.

Muchas personas confunden "desear" con la planificación o la determinación de lo que desean. No se puede confundir desear con crear.

Voy a explicarme mejor. Describiré una situación imaginaria que podría tener cualquier persona: deseo hacer unas reparaciones en mi vivienda, pero no tengo en el momento el dinero necesario como para llamar a un contratista y decirle: empiece y aquí tiene por adelantado el 50 por ciento del valor del trabajo. Por lo tanto, tengo que requerirlo al Cósmico. Aquí es donde hay que poner cuidado en la forma de solicitarlo. No debo esperar el dinero, sino la obra terminada. Pero para aspirar a la obra terminada, tengo que estar definida de qué es lo que quiero, qué es lo que voy a hacer. No puedo pedir mientras en mi mente estoy en un "tira y afloje": voy a tumbar la pared del garaje. No, voy a abrir una ventana en el garaje. No, voy a vender la casa para comprarme otra. No, mejor, sobre el garaje construiré un apartamento....¿Entonces ? en ese galimatías, ¿qué puedes esperar?

Hay que buscar la cultura intelectual y el progreso espiritual.

Antes de empezar a solicitar, decretar, o crear mentalmente, para que te sea más fácil, define tus metas sobre papel y lápiz. Describe todas las posibilidades, estúdialas detenidamente, sopésalas, compáralas, toma en cuenta todos los factores de tu propia existencia, tu entorno familiar, tu futuro cercano, a mediano plazo e incluso a largo plazo y si es preciso, consulta con tu familia inmediata: las personas que conviven contigo en caso de que lo que deseas decretar los afecte a ellos. Esto último te lo describo en forma más entendible: supongamos que estás planificando lo del garaje y lo que vas a hacer allí, afecta los intereses de quienes guardan en él, sus herramientas, o su bicicleta, o su moto, o sus automóviles, o un hijo tiene allí su gimnasio, etc.

Es preferible que estén todos de común acuerdo, y así se habrá creado una atmósfera de paz y de armonía en el hogar. Tendrán un motivo más para estar unidos y no un motivo más para desunirse. Y las peticiones al mundo etérico tendrán mucha más fuerza. Así en lugar de una persona decretando algo, serán varias emitiendo la energía o las energías que se convertirán en más fuerte y densa, que por lo tanto, tiene todas las posibilidades de hacerse realidad más pronto.

Tienes que saber que la Divinidad no accede a conceder cosas que perjudican a los demás. En cambio, cuando pides tratando de beneficiar a otros, ese decreto posee mucha más fuerza y validez que si solamente tú fueras el único beneficiario. Volvamos al caso del garaje: en tus alegatos como se dice en términos jurídicos, explicas que si pudieras agrandar el garaje, cabrían cómodamente los dos automóviles: el tuyo y el de tu pareja, o así tu hijo o tu cónyuge pueden colocar allí el gimnasio, o el lugar de trabajar con las herramientas, o simplemente: si yo pongo allí mis herramientas, no molesto al resto de la familia con ellas y con mi trabajo que desordena la cocina, y/o la sala, y/o el resto de la casa.

Otra cosa esencial, es que no hagas ahora un plan y luego te eches para atrás o simplemente empieces a pensar que sí lo deseas, pero es imposible. Sí quiero arreglar el garaje, pero eso es inalcanzable. ¿De dónde vamos a sacar el dinero?

La incógnita del capital necesario, no debe ser un rompecabezas para ti. Es un problema exclusivo de la Divinidad porque está incluido dentro del plan completo. Es como cuando tú tomas un viaje que incluye pasajes, propinas, traslado del aeropuerto al hotel y las tres comidas, lo que llaman paquete completo. Cuando vas en el avión, te enteras que en la ciudad de destino, hay una huelga de transporte. No puedes pasarte el viaje cavilando cómo te vas a trasladar a tu hospedaje, qué van a hacer los encargados de tu alojamiento para llevarte a los sitios turísticos, cómo se las van a arreglar para que los empleados que tienen que preparar la comida de los huéspedes, la tengan servida en la mesa a la hora correspondiente, etc. Eso no debe crearte un dilema. Es asunto de los organizadores. Tú sencillamente piensas: menos mal que de todo eso se encargan ellos y no tengo que angustiarme.

Si comienzas a preocuparte por la forma en que debe desarrollarse el plan Cósmico, estás poniendo todo el fardo, el peso terrenal completo, a una idea etérica. Es la misma situación que si la percepción fuera un ser viviente y la echaras en un pozo. La ahogarías.

Debes dar a tus creaciones mentales, unas bases emocionales muy firmes. Es como cuando se hace un edificio de muchos pisos. Las fundaciones tienen que ser muy profundas, anchas y sobre todo, con mucho hierro y mucho concreto para que puedan sostener la construcción que vendrá después. Esos cimientos así levantados, se han hecho esperando, programando, visualizando, estudiando, calculando, diseñando, la obra terminada. Pues mi querido lector, esta misma estructura de pensamiento, es aplicable a todas las situaciones de la vida, por más pequeñas que sean. Cuando uno tiene desarrollada la facultad de crear, crea.

No debemos limitar la Divinidad existente dentro del hombre porque eso sería crear limitaciones. La Biblia dice que el maestro Jesús quien pasó su vida pública haciendo los milagros más extraordinarios, incluyendo resucitar muertos, manifestó que nosotros, cualquiera de nosotros, estamos en capacidad hacer lo mismo que él, anteponiendo como único requisito tener fe.

El Poder más grande que tenemos es el de Crear.

Volvamos al tema de la diferencia entre desear y decretar. Cuando decretas u ordenas, empiezas a crear, a hacer realidad en alguna parte lo que se inició en tu pensamiento y en tus sentimientos. Cuando deseas, tienes que estructurar y dar las bases para la realización. Analiza cuántos deseos tienes diariamente. Los deseos no tienen suficiente fuerza para por sí mismos convertirse en realidad. Necesitan para lograrlo, la ayuda eficaz y determinante del decreto.

Te voy a contar una pequeña anécdota que me pasó. Hace varios años. Mi esposo, quien es médico cardiólogo, fue a una convención en New Orleans (Estado de Louisiana, U.S.A.), organizada por la American Heart Association, de la que es miembro. Nosotros vivimos en Caracas, Venezuela. No pude ir con él, pero quedamos en que apenas terminaran los tres días del congreso, yo viajaría. Varias veces me telefoneó desde New Orleans puntualizando hasta el último detalle de mi viaje. Quedamos en que yo tomaría un avión de la entonces Panamerican, que salía a las ocho de la mañana. Estaría más o menos dos horas en el aeropuerto de Miami y allí embarcaría en otra aeronave directo a New Orleans. Mi esposo me esperaría en la recepción del hotel a las cuatro de la tarde hora de allá. La noche anterior preparé todo. Llamé a una empresa de taxis para que me recogieran a las cinco de la mañana. Quedó plenamente confirmado. La maleta perfecta, revisé la lista que suelo hacer para acordarme de todo lo que tengo que llevar. Ya está todo dispuesto. Es la una de la mañana.

Antes de irme a dormir, organizo lo que voy a colocar en el bolso de mano: mi maquillaje, las cosas que se me pueden quebrar o derramar en la maleta, etc. Luego, lo que voy a llevar en la cartera: los dólares, los pasajes, mi pasaporte...!Mi pasaporte! ¿Dónde está mi pasaporte?

Comienzo a buscarlo por todas partes: no lo encuentro. Me pongo a pensar: pero ¿dónde he podido dejar mi pasaporte? Recordé que hacía más de un mes, lo había llevado a una agencia de viajes para que lo mandaran a renovar y se me había olvidado ir a buscarlo. Me senté a dilucidar. ¿Qué va a pasar cuando llegue la hora de encontrarnos y yo no aparezca? No puedo dejar que nuestros planes se alteren. Voy a tomar todo con calma. Me senté en mi sanctum (lugar de meditación) y comencé a decretar: "A las cuatro de la tarde, estaré con Rafael en el lugar indicado". Y me visualizaba en esa situación. Llamé a la empresa de taxis: les pedí que en lugar de las cinco, mandaran al chofer a las seis de la mañana, y me acosté a dormir completamente confiada en que todo saldría perfectamente coordinado para mi bien.

A las seis y cuarto de la mañana, estaba dentro del taxi. Le pedí al chofer que fuéramos a la agencia de viajes, que inician actividades a las nueve de la mañana, para esperar en la puerta a que abrieran. Llegamos un poco antes de las siete y dentro, había alguien trabajando. Pero no solamente eso. La persona que me atendió en lo de mi pasaporte, era la única que estaba en ese momento en la agencia. Me dijo: "Usted tiene suerte. Abrimos a las nueve. Hoy vine a esta hora porque tengo que hacer un trabajo especial". Me entregó el pasaporte.

Eran las siete de la mañana. Como es bien sabido, en los vuelos internacionales exigen que los pasajeros estén dos horas antes de la salida del avión. Así que le dije al chofer: "Al aeropuerto internacional".

En esa época, Panamerican hacia una propaganda destacando que sus vuelos eran puntuales. "Usted no tiene que hacer largas esperas en el aeropuerto". Todo el viaje, seguía visualizando el avión sin despegar de la rampa de salida y dando gracias a Dios porque mi petición había sido aceptada. Cuando nos vamos acercando al aeropuerto, desde la autopista, para mi alegría, alcanzo a ver al avión de Panam todavía en su sitio.

El caso es que el vuelo por motivos técnicos, se retrasó en el despegue. Llegué, entregue mis documentos, me hicieron pasar a bordo e inmediatamente despegamos. Tal como si me hubieran estado esperando. Al arribar a Miami, tuve el tiempo cronometrado para hacer la conexión con el otro avión. A las cuatro de la tarde, estaba abrazando a mi esposo en el lugar previamente acordado.

Lógicamente que estas cosas funcionan cuando son necesarias, no cuando nosotros pedimos o pretendemos que se den como en las funciones de circo o de prestidigitación. Las leyes espirituales no están a nuestra disposición para juegos, o para presentaciones teatrales. Están para situaciones reales. Y para que nosotros también aportemos nuestro granito de arena a fin de que con nuestro pensamiento positivo, nuestra fe, nuestra energía mental y nuestro esfuerzo contribuyamos a su materialización. Si yo hubiera sido simplemente una persona realista sin los conocimientos que tengo, hubiera llamado a New Orleans, para comunicarle a mi esposo que me era imposible viajar al otro día, porque en esa época, desde Caracas solamente había vuelos hacia Miami, en horas muy tempranas.

Habría dado por seguro que era completamente imposible, y entonces, imposible hubiera sido. Se hubiera cumplido lo que yo tenía decretado. Este relato verídico, te demuestra, nos demuestra a ti y a mí, que todo hecho real fue primero un pensamiento. Un pensamiento que se transmutó. Es decir: se convirtió en realidad. Un pensamiento que abandonó el mundo etérico para volverse realidad en nuestro mundo físico.

Muchas veces esa "transformación" proveniente del mundo espiritual, se hace realidad en algo tangible, pero no material, como en el caso que he narrado. No pedí dinero, ni un pasaje, ni un vehículo. Pedí y decreté una circunstancia.

El éxito consiste en empezar con la idea, centrarnos en esa percepción terminada y dejar todos los detalles que conduzcan a su realización exitosa, en manos del Cósmico. Tenemos que aprender a soltarla cuando es algo que no va a suceder de la noche a la mañana (caso contrario de lo que acabo de narrar), debemos concentrarnos en la idea terminada, sostenerla por unos minutos y dejarla ir.

Si no lo hacemos en esta forma, no podrá materializarse porque la tenemos retenida en nuestra mente. No la dejamos ni siquiera llegar al Éter para que allí el Cósmico comience el proceso de irla construyendo o haciendo realidad. La transformación de hacerse realidad algo que se ha iniciado en la mente humana, es precisamente eso: un proceso. Y toma su tiempo tanto en nuestra dimensión, como en la dimensión espiritual.

Luego, varias veces al día, reforzamos nuestra co-creación, nuestros decretos, pero los volvemos a soltar cada vez con mayor energía, con más fuerza.

Hay otros elementos que son necesarios aclarar en la historia descrita. Como en el mundo espiritual no existe el tiempo tal cual lo calculamos en nuestra existencia terrestre, muchas cosas que vamos a pedir ahora, o mañana, o dentro de algún tiempo, hace años o quizás siglos, que ya están concedidas. En este caso, la eventualidad de que la chica tuviera que trabajar horas extras no en la noche, sino bien temprano en la mañana, comenzó un determinado lapso previo al momento en que no encontré el pasaporte y pedí sinceramente al Cósmico que lo pudiera obtener a tiempo para viajar. Posiblemente unas semanas antes, se fue acumulando el trabajo a fin de que esta circunstancia se diera. Por lo tanto, no fue una casualidad, sino una causalidad.

Esto nos ratifica una vez más que cuando pedimos algo, no debemos preocuparnos por su evolución hasta que se haga realidad. Esto es muy complejo y en la mayoría de los casos, escapa a nuestras restringidas inteligencias y perspectivas. Por lo tanto, es mejor dejar todos los detalles de la logística y manera de hacerse realidad, en manos de los Poderes Espirituales y nosotros solamente poner nuestro empeño, fortaleza y fe, en que así sea, estando abiertos sin desmayar, a recibirlo en el momento oportuno que en la mayoría de los casos, tampoco sabemos cuál es, pero Ellos, sí.

Debemos agradecer cuando nos dan la oportunidad de ser canales o instrumentos de Dios para servir a Sus criaturas. Si una planta o un sembradío está padeciendo de sed y no se prestan los fenómenos naturales para darle el líquido vital, Dios no va a venir con una regadora o una manguera a echarle agua. Se vale de un ser humano que lo haga.

En el momento en que voluntariamente nos damos, nos entregamos, nos abrimos a Dios, es cuando más recibimos porque nos convertimos en un canal de dos vías: dar y recibir. Estamos recibiendo y compartiendo con nuestros hermanos de la raza de los hombres y con nuestros hermanos de la naturaleza: los animales y las plantas, incluso, los elementos. Si estamos decididos a dar y servir, entonces recibiremos y seremos servidos. Pero esto no solamente se refiere a la vida material que será enriquecida sino también a los diferentes estratos del ser humano: la vida mental, la vida espiritual, la vida emocional, etc.

En esta apertura a los planes cósmicos, está la fe ciega de entregar nuestros asuntos a Dios. No pueden estar en mejores "manos", por cuanto Dios sólo quiere lo mejor para cada una de Sus criaturas, en especial tú, amigo lector, que eres único.

Entregarnos a Dios, quiere decir que también aceptamos servir como canales o mediadores o intermediarios o brazos ejecutores de las bondades divinas. Es por tal motivo que no podemos rehusarnos cuando alguien viene con una necesidad ante nosotros. No sabemos si formamos parte del Plan Divino para ayudar a solventar esa situación y al negar nuestra colaboración, nos estamos apartando de la benevolencia de Dios.

Hay que tener cuidado con la intención con que "servimos a Dios". No debe ser motivada únicamente por el deseo de recibir o allegar con creces. "Doy hoy, para recoger mañana".

La mejor recompensa es la alegría o el bienestar que percibe la persona, el animal o el objeto o circunstancia que recibió de nuestra parte. Por eso es tan importante expandir en nosotros mismos los buenos sentimientos. Simplemente empezar por concientizar el dolor ajeno. Si nos damos cuenta que hay una planta con las hojas mustias y dobladas por la sed, visualizarnos sintiendo esa falta de agua y por lo tanto querer mitigarla. Si vemos un perro arrollado por un automóvil, vivenciar el dolor que padeceríamos nosotros mismos en esa circunstancia o si fuera el atropellado un ser humano cercano a nosotros. Inmediatamente nos llenaremos de compasión.

La compasión es una de las formas más seguras de quitarnos sufrimientos. Pero al igual que en la fórmula anterior, tenemos que aprender a desarrollarla por el placer de ayudar, el gusto de dar. La compasión no es más, que el amor bien entendido.

Cuando una persona ha aprendido a ser compasiva, podrá calibrar la gran paz espiritual y mental que se alcanza; la hermosa satisfacción que nos produce dar, ayudar, servir y ser compasivos y ese mismo placer, nos hace sentir plena y suficientemente recompensados sin pensar en lo que por ley, nos vendrá por añadidura. Al respecto debo aclarar que no es lo mismo sentir compasión, que sentir lástima.

Otra cosa que debes saber y que te evitará muchos desengaños es que las respuestas no vienen casi nunca por la misma vía. Volvemos a lo que expliqué antes: la respuesta final es lo importante, no los elementos y las circunstancias que la componen.

El deseo enfermizo de complacer a los demás, disfraza en muchas ocasiones al egoísmo.

Efectivamente, algunas veces se ayuda a alguien en espera de la recompensa. A Dios no lo podemos engañar. De acuerdo a nuestra intención, así recibiremos.

Vemos muchas veces a alguien que se queja porque "esa persona a la que le di tanto, ayudé tanto, me sacrifiqué por ella, y la forma tan desagradecida como me pago...".

En este caso, el problema se lo ha creado quien no supo agradecer, no tú. Tu recompensa ya está creada, lista, únicamente esperando el momento propicio para hacerte el otorgamiento.

El pago del desagradecido también está listo, realizado, creado, esperando también el momento adecuado, el más oportuno, para serle entregado: cuando necesite lo que tú le diste con tanto desinterés, no lo conseguirá. Esa persona crea fuera de los canales cósmicos y por lo tanto se sitúa fuera de ellos.

Debemos trabajar arduamente en destruir ciertas condiciones nuestras, si realmente queremos construir algo positivo y hermoso en nuestra vida. Aquí se manifiesta la ley de dar y recibir, como podrás ver más ampliado en el capítulo dieciocho, titulado "Ley de causa y efecto".

Cada día ofrece la posibilidad de un nuevo comienzo. Es necesario enfrentar todo problema de acuerdo con los cambios internos que suceden a medida que el ser evoluciona.

— *Hemann A. Keyserlyng, 1880–1946*

capítulo cuatro

Derribando obstáculos

Para la persona que está decidida a tomar las riendas de su vida, no hay restricciones. Como este es tú caso, lo que debes hacer es diseñar un plan muy bien construido en cuanto a tus deseos, sueños, metas...y de una vez por todas, a luchar por conseguirlos porque nada es gratis. "Ni el Cósmico ni nadie da nada a nadie por nada". Por lo tanto, tienes que trabajar sin desmayar y sin perder la fe.

Este tarea mancomunada entre el Cósmico y tú funciona de la siguiente manera: lo que tú no puedes hacer, Él se encarga de elaborarlo, pero con la condición de que tú aportes tu parte. Y siempre hay una porción que solamente tú puedes causar. Si hay, tienes, o se presentan limitaciones, ese es el departamento del Cósmico. Contratiempos o insalvables ajenos a tu voluntad o a tus fuerzas. Por ejemplo:

eres flojo. Pides la ayuda para vencer esa pereza y comienzas a trabajar en eso. No puedes pretender que pides asistencia y te pones todo el día y todos los días a ver televisión acostado que es más descansado que sentado. Recuerda que no hay nada que la mente humana conciba que no pueda ser realizado con la ayuda divina.

Es necesario que llegues a comprender y entender que cuando tus metas son justas, la Divinidad te dará no solamente Su ayuda, sino Su apoyo para que las alcances. A través de ciertas técnicas, como los decretos, el Mundo Espiritual te da herramientas de poder ilimitado para que logres tus objetivos. Solamente necesitas comenzar *¡Ahora!* Y entre más pronto empieces, más rápido te convencerás de que sí puedes lograrlo.

Recuerda que tienes que derribar los obstáculos que tú mismo has puesto. Esas barreras son de tu exclusiva propiedad y solamente tú y nadie más que tú, puede eliminarlas.

Aleja de tu mente la idea de que no eres digno de recibirlo, o que eres demasiado audaz solicitando esto o aquello, cuando hay otras personas que lo merecen más que tú, o que están en peores condiciones que tú. Estos maléficos razonamientos, impiden la acción del Cósmico. Pide además para ellos también.

No permitas ni por un segundo, que tu mente albergue cualquier temor sobre el particular porque automáticamente estarás debilitando el poder divino que hay dentro de ti. Te encontrarás negando toda oportunidad a ser un ser superior, a desarrollar tu propia capacidad de hacer milagros.

Tres obstáculos que debes derribar, eliminar, alejar de tu vida son el temor, la duda y la falta de fe o de confianza.

Cuando pedimos al Cósmico, ya sea a través de la visualización, en la oración o mediante decretos, tenemos que tener la certeza de que la ayuda nos será dada si es para nuestro bien y no estamos perjudicando a nadie.

La mente es todo. Nos convertimos en lo que pensamos.

— *Buda*

capítulo cinco

Reorientando tu vida

Vamos a ampliar en este capítulo lo que puedes hacer y lograr a través del decreto. La idea es que aprendas las diferentes maneras de usar tus palabras y pensamientos en forma de decretos para tu propio beneficio y el de los demás.

Puedes dominar tu vida y hacer realidad cualquier situación que quieras crear. Tienes que sentir porque así lo conceptúas y no solamente por eso, sino porque es verdad. Eres dueño de tu vida y puedes crear y vencer lo que te propongas.

Debes liberar, dejar ir, todo pensamiento de escasez. De pobreza, de falta, de angustia, de temor, de incertidumbre, de soledad, etc.

Hasta para ser grande, rico, poderoso y ascender en el camino de la realización espiritual, hay que tener método y orden. Cuando la persona no está acostumbrada a la disciplina, ésta es una palabra que la asusta. Pero cuando se familiariza con los beneficios que ella trae y con lo que implica, disfruta siendo disciplinada por las creces con que es recompensado.

Así como en la mente se forman los pensamientos beneficiosos, igualmente se constituyen los destructivos y por lo tanto, con tu propia mente puedes desterrarlos. Dentro de esta disciplina que te estoy proponiendo, decídete a anular cada día, constantemente, algo negativo, al mismo tiempo que creas algo positivo.

La mente como todo en la creación física y espiritual, tiene el espacio totalmente ocupado. No hay nada vacío. Esta es una verdad que han descubierto los científicos.

Verdad que los estudiantes de las escuelas esotéricas conocían hace muchos siglos.

Por lo tanto, cuando eliminas un pensamiento, queda un lugar que inmediatamente será ocupado por otro. Adelántate al visitante que venga con intenciones de instalarse allí, porque a lo mejor es tan indeseado, como el que acabas de desalojar, o peor.

Por eso, inmediatamente debes reemplazarlo por todo lo contrario. Ejemplo: tienes el temor de una enfermedad. Rechazas ese miedo y en su lugar, colocas la confianza en que estás completamente sano y además lo decretas. Lo que tú piensas hoy es lo que determina cómo te sientes hoy. Lo que tú haces hoy y piensas hoy construye tu mañana.

Volvamos a la disciplina, querido lector. Para lograr un mayor cúmulo de objetivos en tu vida, debes disciplinarte, tienes que planificarte. Hacer un horario. Toda persona ambiciosa está obligada a hacerlo, porque son muchas las diversas actividades que hay que cumplir hoy en día, ya sea hombre o mujer.

Róbale unos minutos al descanso matinal, a fin de que tengas esos instantes para ti solo, cuando aún tu mente no se haya despertado completamente. Ese pasaje del sueño a la vigilia, es ideal para las meditaciones porque el cerebro se encuentra en un estado que los científicos han llamado "Alfa".

Voy a explicarte qué es eso de Alfa. El funcionamiento del cerebro, es algo que ha fascinado desde hace muchos años a los hombres de ciencia y a los que no lo son. El descubrimiento de la electrónica, ha hecho más fácil estudiar el comportamiento del cerebro.

Se ha establecido que en estado de vigilia (despiertos), el cerebro genera mayor número de pulsaciones: aproximadamente 14 por segundo. También se les llama ciclos a estos latidos. A medida que el cerebro se va tranquilizando, relajando, o dormitando, estos ciclos van disminuyendo, siempre en relación a menor mientras más profundo es el estado de sueño o de tranquilidad alcanzado. Puede bajar alrededor de 0.5 a 0.3 por segundo.

Los científicos han dividido la actividad cerebral en cuatro estratos que van de mayor a menor frecuencia bautizándolos con nombres de letras del alfabeto griego: Delta, Theta, Alfa y Beta. Nuestros cinco sentidos físicos —oído, gusto, olfato, tacto y particularmente la vista— tienen una relación estrecha con el nivel cerebral llamado Beta, lugar donde archiva sus vivencias.

Cuando nos vamos quedando dormidos, se va perdiendo la calidad, brillantez y velocidad de respuesta de nuestros cinco sentidos físicos. La relajación y los diversos estados de sueño, hasta llegar al más profundo, suceden en los otros tres estadios mentales: Delta, Theta y alfa. Delta y Theta son fases abismales.

Cuando hacemos una relajación, estamos en alfa. Aunque hay personas que podrían alcanzar el nivel Theta a través de la relajación o meditación, por ejemplo los yoguis. Este estado también se puede lograr en el sueño profundo.

Theta y especialmente Delta son alcanzables cuando la persona pierde el conocimiento o es sometida a una anestesia general para una operación de cirugía, parto u odontología. Igualmente al encontramos en la transición entre sueño y vigilia. O sea, al estar adormitados, cuando pasamos del nivel Theta al Alfa.

Especialmente en la mañana, puedes aprovechar ese estado y ese momento para dar gracias al Creador porque te ha permitido despertar una vez más al don de la vida. Es el instante para decretar que ese preciso día, es maravilloso. El día más maravilloso de todos los días maravillosos de toda tu vida. El que se haya escrito tres veces día maravilloso, no es un error de imprenta, sino porque estoy haciendo énfasis en que debes repetir esta palabra tres veces para que así tenga mayor efecto.

Luego, tomas una respiración profunda y con el máximo de intensidad proviniendo desde el fondo de tu corazón, deseas ardientemente entonarte, armonizarte con el Cósmico. Esto es, integrarte, hacerte Uno con la presencia de Dios que mora en ti, con la esencia Divina que habita en todos los seres de la creación, en todas las cosas, en todos los astros, en todos los mundos de esta y otras dimensiones.

A medida que vayas sintiendo esta sublime fusión, cosas sorprendentemente milagrosas y preciosas irán sucediendo en tu vida. Si tienes tiempo, puedes aprovechar para visualizar y decretar algo que estás planificando y luego pasas a organizar tu faena. Te ves desayunando, saliendo para tu trabajo, hablando con Fulano, recibiendo esta buena noticia, obteniendo esto, logrando aquello. Desde tu mente te proyectas feliz, contento, más joven cada día, completamente saludable, armónico, lleno de paz profunda.

En esta forma iniciarás la mañana en muy buen estado de ánimo. Dentro de la planificación diaria, no olvides disponer algunos minutos para tu meditación y otros más para hacer ejercicio físico. Estas dos clases de ejercicios: el mental y el físico, son fundamentales para mantener un organismo sano y una vida muy satisfecha. Así estarás preparado para vivir cada día más cerca a tu verdadera misión.

Hoy es el mejor día de toda mi vida, para empezar, hacer, lograr, terminar, finiquitar...(aquí describes qué es lo que deseas que ocurra de bueno para ti, en este día).

Dentro de la disciplina, está el ser íntegro. Si tú quieres trabajar, mantenerte en armonía con el mundo espiritual, debes comprender que al reino etérico no se le puede engañar. Por más que te escondas, te están viendo. Y es más: leyendo el pensamiento y los sentimientos que albergas. Así que debe haber concordancia entre lo que quieres recibir y lo que das. No puedes pedir justicia y prosperidad para ti cuando estás siendo injusto en un negocio con alguien o en un arreglo o con un empleado y por lo tanto disminuyendo su parte económica, o sea, atentando contra su prosperidad.

A la hora de las comidas, debes mantener la disciplina. Las personas que transitan por la senda de la espiritualidad no son glotonas. La comida, especialmente cierta clase de comidas, anclan mucho. Pesan mucho, son muy densas. Por lo tanto, no deben ser muy buenas para el organismo.

Por ejemplo: las carnes rojas, el café en abundancia, los cubitos supuestamente de carne, o de pollo, o de lo que digan; los sabores artificiales producidos a base de químicos; los derivados de cerdo (cochino), etc.

Algo que no deberías olvidar es bendecir las comidas. Esto no solamente ayuda a elevar tus vibraciones, sino a mantener una buena digestión y por ende, una mejor salud. La familia se une más cuando ora pidiendo bendiciones para su alimento y dando gracias por él y por permanecer unidas. Esta costumbre y esos momentos serán recordados por los hijos mientras vivan como algo muy entrañable. Si sales a comer en la calle, igualmente puedes bendecir tus alimentos sin necesidad de hacer ostentación. Hazlo mentalmente a menos que desees invitar a los amigos que te acompañan a que se unan en la oración o quieres inducirlos o comunicarles esta buena costumbre, lo que pueden hacer perfectamente sin exibicionismos religiosos que caen muy mal y se ven ridículos.

En la noche, a fin de tener un buen sueño, es preferible una cena ligera y temprana.

Si es posible, deja una ventana abierta a fin de que no duermas dentro de un aire enviciado. No olvides dar gracias a Dios por todo lo que te concedió durante las horas de vigilia. Nunca dejes pasar un día sin agradecer las bendiciones de salud, iluminación, etc, que has recibido en esa jornada de tu vida. Repasa todo este lapso. Esto te ayudará a ejercitar la memoria a la vez que a analizar tu forma de actuar.

Así podrás calibrar tu conducta y en dónde hay que mejorar. Luego te programas tanto para la noche como para el otro día. Lógicamente que decretarás que vas a dormir profundamente, descansar, recordar lo que sueñes y que al despertarte junto con el nuevo amanecer, serás una persona completamente renovada, jovial, saludable, linda, bella, preciosa, feliz y con mucha capacidad para enfrentar los retos que te ofrezca el día naciente. Aquí añades lo que deseas poder hacer o alcanzar en las horas laborables que se avecinan.

Nada es tan temible como el temor.

— *Henry David Thoreau*

capítulo seis

Aprende a tomar decisiones

Cada etapa de la vida, nos ofrece el descubrimiento de ignotas potencialidades, de riquezas que aguardan por nosotros, de alegrías represadas, de emociones contenidas y la espera impaciente de una decisión que debemos tomar para que esto nos llegue.

Todos más tarde que temprano, nos vemos ante la encrucijada de encarar una conclusión determinante para el enrumbamiento de nuestra vida. Es una resolución y experiencia trascendental donde nos vemos enfrentados a nosotros mismos.

Muchas veces, especialmente los que hemos vivido algunas decenas de años, al repasar el pasado, vemos las diferentes encrucijadas que fueron decisivas en la orientación que tomó nuestra vida.

Este análisis introspectivo y retrospectivo sobre los diversos caminos que debimos o no haber escogido y los posibles puertos donde pudiéramos haber llegado, es fundamental para darnos cuenta de nuestras más íntimas aspiraciones y frustraciones tanto desde el punto de vista físico, como espiritual, emocional y mental.

De máxima importancia son las decisiones de estudiar una carrera o de dejarla en algún punto del camino. Determinante es el matrimonio, así como el divorcio. Además hay muchas variantes cruciales, como continuar o renunciar en un empleo, pensando que la opción que nos están ofreciendo es mucho mejor.

Luego, después de haber realizado el cambio, darnos cuenta que el nuevo es un fiasco y que a los lejos vemos el anterior status que va desapareciendo en el horizonte, en una escena fugitiva, como un tren que ha salido de la estación.

Igualmente es evidente cuando surgen en nuestra mente interrogantes sobre el mundo espiritual y el porqué de nuestra existencia. El sólo hecho de que estas preguntas emerjan, ya constituye un paso muy importante en nuestra superación espiritual, porque indica un despertar de consciencia.

Ese despertar de consciencia es el que te ayudará a encontrar a Dios como supremo hacedor de todo bien. Aprender que la prosperidad y la abundancia Divina están a tu disposición, que lo único que tienes que hacer es saber enrumbar tu vida, conocer cuál es la decisión correcta, escoger el camino que conduce hacia donde están tus metas. Te puedes dar cuenta del mundo maravilloso y mágico que reside en tu interior y en el interior de todas las criaturas. Que la aventura de explorarlo, no se puede comparar con nada que hayas hecho hasta ahora, por cuanto las riquezas que encontrarás en esos mundos, son insospechadas en su magnitud y exuberancia.

Tienes que comprender que la mejor manera de tomar decisiones sin equivocarte es a través de la costumbre de armonizarte progresiva y constantemente con la Consciencia de Dios, o sea, el Cósmico. Porque cada vez que te interiorizas en el silencio de tu alma, puedes entonarte con la Mente Cósmica y con todas Sus criaturas, así como todas Sus bondades. Esto es expandir la consciencia: tu consciencia, lo que te conducirá a un mayor grado de iluminación que te permitirá poder tomar decisiones más firmes, correctas, justas, sabias y acordes al amor que debe reinar entre todas las criaturas de Dios.

Es aquí donde reside el meollo del asunto: en conocer la mejor forma de aplicar los conocimientos adquiridos por medio de tu entonamiento espiritual en todos los asuntos diarios de tu vida. Desde el instante en que abres los ojos por la mañana hasta que los cierras en la noche, son muchas las actividades y decisiones que tienes que tomar, por pequeñas que lo parezcan, aunque sólo sean en apariencia pero que en una u otra forma van encaminando tu destino.

La más grande de todas las verdades es que las leyes fundamentales de Dios nunca cambian. Y lo más importante de ésto, es que estas leyes trabajan en consonancia, sin distingos, sin amiguismos, sin trampas para todos por igual: el pobre, el rico, el letrado y el analfabeta. De la misma manera que si una persona ignorante metiera un objeto metálico dentro de un enchufe. Va a sufrir igual corrientazo que quien está haciendo experimentos sofisticados en el mismo tomacorriente. La descarga eléctrica saldrá en igual forma, cantidad e intensidad para todos.

De todas las cosas cambiantes de este mundo, solamente permanecen inmutables las leyes de la naturaleza. La primavera sigue al invierno igual ahora que hace miles de años.

Si empleamos todas nuestras energías para satisfacer nuestros bajos instintos; si la vida para nosotros consiste únicamente en buscar riquezas para usarlas exclusivamente en beneficio personal y nos negamos a que se beneficien con ellas quienes son menos afortunados que nosotros, nuestra alma no poseerá ninguna esencia creativa de origen astral (espiritual) y por más ricos que seamos en bienes materiales, seremos muy pobres en el mundo espiritual.

— *Papus 1865–1916*

capítulo siete

Superación espiritual

El ser humano es dual: materia e inmateria. Esto no quiere decir que sea disgregado. Por el contrario: si está sano en todos sus cuerpos y sistemas, es una entidad integral. Por lo mismo, tienes que procurar el balance de estos dos planos. El desequilibrio de la balanza, afecta los dos lados, especialmente el que está sufriendo desmedro. Por eso quien desea triunfar en la vida, debe darle una gran importancia a sus cuerpos etéricos: el astral, mental, espiritual, anímico, etc. A una persona afectada por una enfermedad física, le es muy difícil mantener en continuo ascenso al espíritu o estar ayudando a su alma a subir de plano evolutivo. Incluso, al estar enferma, algunos de sus chakras estarán funcionando mal y por lo tanto, la comunicación (circulación) entre los cuerpos etéricos y el físico, será difícil e interrumpida en algunas partes.

Nuestra dualidad nos ha dotado de un lado psíquico y espiritual por una parte y por la otra, el físico y mental. De igual manera, todas las actividades, problemas, acciones, ocasiones, sentimientos, etc, también tienen duplicidad ya que cada cosa en esta dimensión tiene su contraparte. Lo material o denso es la contraposición de lo espiritual o sutil.

Al ser los humanos duales: cuerpo físico y espíritu. Por el hecho de vivir en el planeta más denso de nuestro sistema solar tenemos que darle mucha atención y cuidado a nuestro "vehículo" o envoltura física. Es valido: está permitido por las leyes espirituales consentirnos, cuidarnos, amarnos. Es más: es obligatorio para poder tener una vida espiritual sana mientras estemos en este plano.

Al cuerpo físico hay que tratarlo con alimentos físicos, porque vivimos en un mundo físico. Debemos proporcionarle muy buena y balanceada alimentación a fin de que todos los tejidos estén saludables. Si este cuerpo está sufriendo desnutrición, se embotan las facultades mentales y las facultades mentales son la puerta que nos permite llegar a las capacidades espirituales. Debemos ingerir alimento espiritual, emocional, mental y físico.

Mientras más nos espiritualizamos, más comprendemos ciertas verdades que van emergiendo en nuestro paso por la vida. Muchas veces sin darnos cuenta, empezamos a emplear automáticamente el gran poder Cósmico que tenemos dentro de nosotros o que hemos hecho reaccionar en cadena, con nuestra actitud espiritual.

Nuestro desarrollo espiritual nos dejará la enseñanza de que no podemos al igual que con las leyes humanas, decir que no sabíamos cuando hemos infringido una ley. Nuestro enriquecimiento espiritual debe traernos la lección de no preocuparnos más por el futuro, si lo dejamos en manos de Dios. En esta forma, la vida se convierte en algo muy tranquilo y sereno, lleno de confianza y esperanza. Pudiera decir que esto es la felicidad, ya que como es bien sabido, la felicidad es un estado mental.

Cuando nos enriquecemos espiritualmente es una riqueza que ponemos a circular sin necesidad de hacer ningún esfuerzo consciente. La riqueza de la vida espiritual no solo nos fortalece y nos da armas privilegiadas para la vida física, sino permite también que otros se beneficien de nuestra entonación y armonización con Dios.

Estos estadios nos permitirán acercarnos a la belleza, y desde nuestro Yo interior, podremos comprender cuanto de hermoso encierran todos estos sentimientos. No somos millones de seres aislados que viven en este planeta: pertenecemos a la membresía de la humanidad Divina. El ser egoísta se aísla de este continente porque adolece de receptividad al conocimiento espiritual y no permite que Dios actúe dentro de él.

Las vibraciones elevadas se expanden, fluyen hacia los cuatro puntos cardinales, limpian el ambiente, armonizan la energía y contribuyen a crear una atmósfera espiritual dentro del radio de acción de muchísima gente, liberando así ondas que no solamente nos están beneficiando a nosotros, sino a una gran parte de los seres vivientes.

Es nuestra responsabilidad desarrollar la convicción interna de nuestra propia superioridad interior y exterior, la cual debemos proyectar a fin de demostrar con todas nuestras acciones que todo saldrá bien. En esta forma seremos dueños de nuestro destino. Esta además es una manera de estar conscientes del poder de Dios dentro de nosotros y de que fuimos creados para ser amos de nuestras circunstancias y de nuestro entorno.

Tenemos que hacernos conscientes de que la mente de Dios está presente en el ser humano y que, por lo tanto, se manifiesta a través de él y en él. Y dejar la mala costumbre de tratar de que Dios nos solucione todo, al igual que ciertos pueblos y ciertas personas que se acuestan a esperar que el gobierno les solucione todos sus problemas existenciales o que vengan a ayudarlos las sociedades de beneficencia o simplemente "los ricos" porque ellos tienen y yo no.

Si Dios nos ha dado poderes tan similares a los Suyos, es con el objeto de que aprendamos a utilizarlos en beneficio nuestro y de los demás. Solamente el hecho de que nos hayan colocado por encima de toda la creación planetaria, ésto ya de por sí, es un indicio de que nuestro destino es muy superior y glorioso.

Por tal motivo, es vergonzoso y desagradecido que no utilicemos la Consciencia y Mente de Dios, trabajando, funcionando, existiendo dentro de cada uno de nosotros.

Por lo tanto, estás en pleno derecho de pensar de ti, como un ser divino y no, como un pequeño terrícola con una pizca de divinidad. Las personas que están en el camino del misticismo saben a ciencia cierta que la consciencia de Dios reside en cada una de sus células.

Cuando tú llegues a este convencimiento y dediques minutos diarios de tu meditación a este análisis, te darás cuenta que eres un ser divino. Te percatarás que vas perdiendo el miedo ante las eventualidades del diario vivir. Irás adquiriendo mayor confianza en tus poderes y desecharás la idea tanto tiempo inculcada de que solamente lo que ves y tocas, es real, cuando en realidad vivimos en un mundo de ilusión.

Al llegar a este estado, te encontrarás en capacidad de expandir hasta tal grado tu consciencia que tendrás otra forma de oír y ver las cosas, así como de actuar y pensarás de otro modo porque el poder perceptivo se habrá abierto y podrás entender, comprender y saber muchas cosas que estaban vedadas para ti, hasta ahora. Tales como conocer los sentimientos de las otras personas, percibir quien es bueno y quien no, quien tiene buenas intenciones y quien no, así como establecer una comunicación mucho más estrecha con la naturaleza y los elementos, amén de la apertura al mundo de otras dimensiones.

En ningún caso el desarrollo de tu espiritualidad, te debe llevar o al falso orgullo o a la hipocresía. No se debe hacer alarde de nada. El falso orgullo y la vanidad son tres cargas muy pesadas que no dejan elevar el "globo" interno que hay dentro de ti. Hacen contrapeso al levantamiento espiritual que se haya adquirido o se esté adquiriendo. En otras palabras: no avanza espiritualmente quien lleva de la mano al orgullo, el egoísmo y la vanidad.

Tienes que ser sano y equilibrado físicamente, mentalmente y espiritualmente sin fanatismo. Los budistas, judíos, cristianos y musulmanes comen carne. Quienes dejan la carne fuera de su dieta son personas que por su misma espiritualidad, van alejándose de ella sin que esta privación les cause sacrificio. Esta dieta no debe ser una imposición, una privación, un sacrificio, sino un placer. Cuando una persona comienza a sentir asco por la carne, a saberle mal todo tipo de carne, a olerle mal hasta producirle incomodidad es cuando debe dejarla porque su mismo organismo se lo está pidiendo a gritos. Eso viene solo, no hay que afanarse o preocuparse. Preocúpate por superarte espiritualmente y lo demás te vendrá por añadidura.

Para espiritualizarse no hay que postrarse en la oración y en la meditación todo el tiempo.

Lo que desea un ser humano verdaderamente evolucionado es superarse y mejorar en su realización espiritual a fin de poder prestar un mejor servicio. Recuerda que venimos a este planeta a superarnos y a servir, no a sufrir como dicen algunas iglesias. Esta es una forma de manipular o exagerar una verdad.

De todo corazón (sinceramente
con profunda fe), buscó a Dios y
fue prosperado.

— *II Crónicas 31:21*

capítulo ocho

El valor del dinero

Hay muchas personas que creen que lo más importante en este planeta es el dinero. Por tal motivo, alguna gente como la que menciono en el capítulo "Importancia de la auto-estima" opina que la falta inicial de dinero es un inpedimento y no los deja avanzar, ni siquiera imaginar que pueden lograr el éxito material por no contar con un sólido respaldo monetario.

Si bien es cierto como lo han expresado algunos maestros de la Jerarquía, en el planeta Tierra vivimos en un medio donde el dinero es necesario y por tal motivo, se da el caso que ciertos servicios de índole espiritual e intelectual que no deberían cobrarse, es necesario hacerlo. Por ejemplo: la educación a todo nivel y de toda clase.

Los libros, las artes escénicas, los servicios religiosos, la asistencia a mítines de cualquier tipo, exposiciones, entradas a parques, jardines, museos, etc. Personas que dan consejos espirituales, psíquicos, talleres de superación espiritual, la audiencia de los miércoles con el papa (jefe espiritual de la iglesia católica), etc.

Todas estas y muchas otras cosas, es necesario cobrarlas, porque se precisan fondos para mantenerlas y hacerlas funcionar para el bienestar general. El sólo hecho de vivir, importa dinero aunque uno no haga nada. Solamente irse a dormir, cuesta: se requiere una cama, sábanas, cobijas, almohadas, un techo, un cuarto y la ropa de noche.

Nada de eso lo regalan. El gobierno precisa ingresos porque tiene que pagar el mantenimiento de los parques, jardines y museos y así por el estilo. Esto demuestra que debemos respetar y amar el dinero porque su circulación beneficia a muchos.

En lo que concierne a dar y recibir dinero, el intermedio es la liberalidad, el exceso es la prodigalidad y el defecto es la mezquindad.

— *Aristóteles*

Una persona equilibrada espiritual y mentalmente no puede estar obsesionada con el dinero hasta llegar a convertirse en un avaro como la famosa mendiga de Nueva York que, cuando murió hace más de treinta años, lo único que aparentemente tenía en bienes materiales era un mugriento colchón sobre el suelo, sin cobijas ni almohada, solamente el traje andrajoso que llevaba puesto. Tirada en medio de la suciedad de cucarachas y ratas.

Hacía pocos meses, un hijo suyo había quedado ciego porque ella dijo que no tenía para costearle una operación en los ojos. Cuando revisaron sus finanzas una vez muerta, poseía en el banco más trescientos mil dólares de aquel entonces.

Hay seres que sin tener complejo de inferioridad, sin sufrir de timidez, se están limitando, obstaculizándose ellos mismos. Son individuos que por no poseer dinero, consideran que hasta que no lo tengan, están incapacitados para salir adelante. Ellos no pueden avanzar con sus sueños y planes, sencillamente porque no detentan fondos para sustentarlos.

Esta, es la forma de entorpecer los planes divinos. Una persona que piensa así nunca podrá obtener nada porque ni siquiera se atreve a soñarlo. Por lo tanto, no da la energía ni la fuerza para que eventualmente se pudiera materializar algún bien que por derecho propio le pertenece. Esto es así de simple: ninguna condición puede permanecer dentro de ti si tú no la aceptas.

Es posible que pienses que cuando se está en la consecución de bienes de fortuna, prosperidad, felicidad, etc, se está actuando únicamente en el lado material y físico. Estás equivocado en este punto. Te remito al capítulo 7, "Superación espiritual" donde se habla de la dualidad humana: física y espiritual. Existen leyes cósmicas que rigen todo lo que incluye actividades comerciales, por cuanto esta labor que es tan amplia, tiene injerencia sobre muchas personas, incluyendo animales y la naturaleza.

Si alguien fabrica o vende algo, eso representa un servicio que trae felicidad, prosperidad, salud, o alimento. Por lo tanto, es vida. Con ese artículo o bien que se comercializa dentro de la ley espiritual, se está haciendo algo de provecho por y para la humanidad.

Los negocios son intercambios entre los seres humanos. Debes verlo como un beneficio que se entrega a la humanidad. Cuando llegues a apreciarlo de esta manera, ya seas una secretaria, el que barre la calle, o el presidente de una corporación transnacional, recibirás todos los beneficios que esta ley cósmica representa.

El dinero es un bien necesario. Jamás se debe ver como algo sucio por el hecho de que pasa de mano en mano, sino por el contrario, bendecirlo y agradecerle todo el bien que hace a través de su circulación aunque también hace mal. Recuerda un punto muy importante que ya ha sido mencionado en este libro: que vivimos en un mundo de dualidades y de causas y efectos. Para que podamos darnos cuenta de la luz, tiene que haber oscuridad. Para que podamos saber qué es el bien, tiene que haber mal.

Sinembargo, la mayoría de las personas, cuando hacen su lista de prioridades o necesidades, no colocan la palabra dinero sino directamente lo que necesitan. Y eso está muy bien. (Ver los dos ejemplos del capítulo tres, "Aprende a crear".)

Una madre que desea poder pagarle una costosa carrera universitaria a su hijo no podrá hacer cuentas del precio total máxime si sucederá dentro de cierto número de años.

Más sano es pedir que su hijo pueda culminar la carrera porque en esto engloba todo: las alzas en la matrícula, mensualidades, nuevos libros que no estaban en los cálculos iniciales, costos de transporte, alimentación, vivienda, etc. También hay otras eventualidades: el muchacho o muchacha no quiera seguir estudiando por miles de motivos: se enamoró y se quiere casar, o se aburrió de estudiar y prefiere trabajar, o no desea seguir siendo una carga para los padres, o tomó malas compañías y malos hábitos como alcohol o drogas, etc.

La persona que tiene un problema de salud, no pide el dinero para pagar una operación, sino la sanación completa (ver capítulo tres, "Aprende a crear").

No todo funciona en base al dinero. Muchas veces nos quedamos atónitos cuando presenciamos planes fabulosos que se van desmadejando, armonizando, orquestando, tomando fuerza y forma concreta ante nuestros ojos sin que haya habido necesidad de aportar dinero para ello.

Al ser la persona naturalmente cautelosa o conservadora, no debe en ningún momento ser restrictiva de manera tal que se sienta pobre, desprovista, o en la miseria. Son estados anímicos y pensamientos susceptibles de tomar más fuerza cada minuto hasta llegar a dar como resultado todo lo contrario: en lugar de un ahorro que conlleva a una mejor situación económica, lograr una miseria más grande aún.

Los pensamientos (deseos, planes, metas) deben ser fijados en la mente sin barreras en cuanto a cantidad de dinero, tiempo, lugar, o cualquier otra cosa material. Permitamos y demos toda la libertad al Cósmico para actuar con Su infinita sabiduría sin ser nosotros con una mente tan estrecha los que le pongamos obstáculos a toda la grandeza y magnificencia de Sus obsequios.

A continuación está una bella forma de bendecir el dinero. La puedes decir cuando lo recibes o lo das o simplemente orando y decretando sobre tus posesiones monetarias.

Bendición del dinero

El amor divino fluyendo a través de mí, bendice y multiplica todo el bien que tengo, todo el bien que doy, todo el bien que recibo y todo el bien que yo soy.

◆

Decreto que este dinero se multiplique, se multiplique, se multiplique en tus (mis) manos, y que cumpla en tus (mis) manos el propósito para el cual fue creado; y se multiplique, se multiplique, se multiplique en tus (mis) manos, en abundancia, salud y prosperidad.

Oración para atraer abundancia

Tengo el Padre más rico, poderoso, amoroso y dadivoso que jamás haya podido existir. Como Su hijo, tengo derecho a todos esos dones que me está dando generosamente a cada instante. La Divina Inteligencia, ahora me enseña cómo debo reclamar las bendiciones que Dios me otorga: riqueza, salud, prosperidad, felicidad, amor, comprensión y sabiduría. Todo lo que es mío por Divino derecho, viene ahora a mí, en abundancia. Gracias Padre porque me has dado la comprensión que me permite acceder a ellos.

Oración poderosa para hacer frente a cualquier falla o escasez

Niego toda apariencia de escasez. No es la Verdad, no lo acepto, no la quiero. La abundancia de todo es la Verdad. Mi mundo contiene todo. Ya está todo previsto, todo dado por un Padre todo amor, sólo tengo que reclamar mi bien. Señálame el camino, Padre, habla que tu hijo te escucha. Guíame, que tu hijo te sigue. Gracias Padre.

No vayas a pelear en defensa de la verdad con las armas del error.

— *Tomás Babington Macaulay*
1800–1859

capítulo nueve

Fuentes de salud

Cualquier contacto con la Divinidad es beneficioso para la salud aunque no se haga con esta intención. El sólo hecho de entonarse con el mundo espiritual, armoniza nuestro organismo, nuestra mente y nuestro entorno.

Si te entonas con el Cósmico, vibrarás en armonía con el ritmo divino. Esa afinación espiritual hará que tu mente y la Mente Cósmica, tu alma y el Alma Cósmica, estén en ese momento de armonización en la misma nota que permitirá que la totalidad de tu ser pueda manejar las cualidades de la Divinidad más necesarias para ti.

Para armonizar no solamente tu salud sino tus asuntos, dedica unos minutos al día para entonarte con la Consciencia Cósmica. Diez o quince minutos de estar integrado a la armonización Divina equivalen a semanas de descanso y recuperación. Cuando te sientas agotado, muy tenso o desarmonizado, regresa todo a la armonía, haciendo una ligera relajación y luego una meditación con el sólo propósito de situarte en el mismo nivel de onda del Cósmico.

Te das cuenta que estás desarmónico cuando has dejado a un lado la meditación diaria por múltiples ocupaciones o por descuido y de repente te llega un día de caos. Peleas con todo el mundo, te insultan, te roban, el ascensor no funciona, el automóvil se echó a perder, el asistente no vino a trabajar, la puerta no abre, te sobregiraste en el banco, el traje que te ibas a poner se rompió, etc. Es el día o los días en que pequeños desastres se van sumando unos a otros hasta que parecemos una olla a presión con la válvula estancada. Esa presión saldrá y todo volverá a la armonía al situarte en concordancia con el Cósmico.

Si las vibraciones emitidas por el organismo no son las correctas, quiere decir que no están concertadas, que no hay armonía, que se perdió en alguna parte de nosotros, o en todo el organismo por lo tanto, no podrá haber salud, felicidad ni paz interior. La pérdida de este equilibrio no es debida a ningún factor físico sino exclusivamente a la omisión del entonamiento espiritual. Este afinamiento se puede recuperar en el preciso momento en que tú lo quieras, volviendo a tu fuente u origen: Dios. El Dios que habita dentro de tu corazón.

La nivelación y la comunicación con Dios se obtiene a través de la meditación, la oración y el servicio a tu prójimo. Dentro del servicio al prójimo, está el amarlo y ayudarlo, eliminando la envidia y todo lo que pueda perjudicar a otra persona.

Muchas enfermedades llegan a nuestro organismo, causadas por la sugestión.

Lo más importante para tu salud es tu estado mental. Es allí, precisamente en tu mente, donde se originan las sugestiones que pueden desencadenar una serie de enfermedades, calamidades y problemas en los negocios, en el hogar, etc.

Las enfermedades comienzan en el cuerpo astral. Luego de que se han incubado allí, pasan a manifestarse en el cuerpo físico o en el psíquico, según sea la dolencia. Lamentablemente los hombres de ciencia, como Sigmund Freud, han llegado en sus exploraciones del ser humano únicamente hasta el subconsciente. Algún día se aproximará la ciencia hasta el alma y el espíritu y se darán cuenta que algunos de los padecimientos cuyo origen sitúan hoy en día en lo que ellos llaman psique. El subconsciente, en realidad comenzaron en el cuerpo astral.

Tanto el cuerpo astral (que es una replica exacta de nuestro cuerpo físico) como nuestra aura, son muy susceptibles ante la cantidad de gérmenes, microbios y virus que andan pululando en nuestro planeta, especialmente cerca a ciertos lugares, algunas personas y determinadas circunstancias, además de que nuestro propio cuerpo astral y nuestra aura son afectados por lo que pensamos, sentimos, hacemos y decimos.

Por lo tanto, debemos limpiarlos, cuidarlos, lavarlos y darles medicinas al igual que hacemos con nuestro cuerpo físico. En el cuerpo aúrico, se abren huecos o ranuras (estrías) por donde entran o pueden entrar estos elementos que lo afectan, así como energías no polarizantes del mundo astral.

Tal como menciono en el capítulo "Reorientando tu vida", la mente no queda vacía y apenas sale un pensamiento es reemplazado por otro, así es tanto en el mundo espiritual como en el físico. Nuestros ojos no están en capacidad de ver a los millones de seres y elementos que ocupan todo el espacio que está delante y en derredor nuestro. No hay nada vacío. Igual sucede en el mundo espiritual. Frente a nosotros y alrededor, hay cantidades de energía, entes, polaridades, pensamientos, deseos, frustraciones, ángeles y egrégores de toda naturaleza.

Lamentablemente, en el mundo espiritual sucede igual que en el mundo material. En nuestro planeta, solo la gente honesta obedece las leyes. Exclusivamente los buenos ciudadanos son cívicos. Unicamente la gente de benévolos sentimientos y principios, es respetuosa de los derechos de los demás.

En el Reino del Espíritu, tan sólo Dios, Sus ángeles y Sus santos (la Jerarquía, Maestros, seres de energía igual a la Luz y a la Perfección) respetan nuestra privacidad; nuestro libre albedrío. Si los llamamos, vienen. Si los autorizamos a introducirse en nuestra vida, entran. Pero no abusan y se van discretamente, esperando muy cortésmente que les reiteremos la invitación.

En cambio, los entes ajenos a la Luz, de vibraciones no polarizantes con la Luz y la Perfección, no respetan las leyes ni las reglas del juego. Están buscando cualquier descuido nuestro para colearse, meterse por la rendija de la puerta entreabierta, o la cortada recién provocada, al igual que hacen los gérmenes que están en el aire esperando una herida para entrar con su carga mortífera en el cuerpo físico como actúan los ladrones que están aguardando un descuido de la posible víctima para robarla en su vivienda. Por tal motivo, tenemos que cuidar nuestros cuerpos espirituales.

Estos se debilitan ante ciertas circunstancias, igual que sucede con nuestro organismo físico. Si estamos muy estresados, deprimidos, rabiosos, enojados, etc, las defensas se bajan y el sistema inmunológico pierde capacidad de respuesta para la salvaguardia. Es cuando vienen las gripes, los dolores de cabeza, los dolores musculares, las úlceras y de allí se pasa a enfermedades graves como el cáncer. Está comprobado clínicamente que más o menos a un año de haber sufrido la persona un golpe emocional intenso, se presenta el cáncer. Comenzó a incubarse recién o en medio de la crisis e hizo erupción de nueve meses a un año después. No quiere esto decir que sea la única causa.

Por eso, querido amigo lector, es importante tener cuidado con la forma en que manejamos las emociones. Los golpes los recibimos todos, pero cada quien reacciona de diferente manera. Lo más sano es estar pertrechado para los sinsabores que trae el diario vivir. Y cuando te encuentres pasando por una crisis, ingiere muchas vitaminas y minerales a fin de fortalecerte físicamente para que no te tome por sorpresa cualquier crisis o eventualidad, constantemente, todos los días, debes decretar:

**Nada ni nadie puede alterar
la serena paz de mi alma.**

Si repites infatigablemente esta frase tan valiosa, serán muchos los beneficios que te traerá por cuanto tu vida se llenará de paz, tranquilidad y armonía.

No te estarán echando a perder tu día, ninguna circunstancia, ni ninguna persona, por más que se empeñe. Cuando te enfrentes a una crisis después de haber repetido lo anterior, vas a decretar:

**Señor: yo sé que en esta situación tienes
muchos bienes escondidos para mí.
Los acepto gozoso. Gracias.**

A medida que el ser humano aumenta su desarrollo místico y espiritual, en igual medida incrementa su capacidad mental que le permite crear y cambiar las cosas con el poder de su mente, siendo así en nuestro planeta, una criatura única y diferente. Esto demuestra que la evolución en el ser humano no solamente ha sido en el nivel físico sino más que todo en el nivel espiritual y mental.

Lamentablemente hasta ahora, sólo unos pocos médicos han comprendido que cuando una persona está enferma, no solamente tiene que preocuparse porque su composición química esté dentro de los valores normales sino también de su nivel energético. No se puede negar que con químicos se pueden eliminar los síntomas de una enfermedad e incluso con algunas plantas se puede restablecer el nivel energético perdido. Pero hay que ir a la causa primaria: qué motivó ese descenso en la corriente energética.

Puede ser un bloqueo en estos conductos por mala postura física, por falta de ejercicio de determinada parte del cuerpo, por alimentos contraindicados, por pensamientos prohibidos, o por deseos o sentimientos que no deberían existir en la mente de una persona que conoce este tipo de leyes espirituales. Deseos y sentimientos que perjudican a terceros.

Claro está que la naturaleza es sabia y el organismo tiene sus propios patrones de conducta que lo inducen a buscar y encontrar a través de su sistema inmunológico su propia curación. Está comprobado a nivel de laboratorio que el setenta y cinco por ciento de las dolencias y el mismo porcentaje dentro de la enfermedad, pueden curarse mezclando las medicinas y la acción de la naturaleza.

Pero queda un veinticinco por ciento de padecimientos en el cuerpo. Por eso vemos con frecuencia a una persona que no acaba de curarse: "*Se me quitó la gripe aunque me siento con malestar general. Ya me curé, pero he quedado muy débil. Me siento mal a pesar de que me dieron de alta".*

Aquí es el momento en que se deben elevar las vibraciones para armonizar el cuerpo afectado. Cuando la tasa vibratoria es llevada a su valor habitual, automáticamente la parte o partes afectadas buscan su nivelación. No importa si estos valores suben más de lo normal. La energía que tenemos de más sale por las puntas de los dedos, en especial de las manos y en particular, por los dedos pulgar, índice y medio.

Una persona muy débil, sólo puede pensar en su debilidad y en su malestar y no tiene fuerzas para entonarse espiritualmente. La enfermedad hace que el individuo únicamente piense en, se preocupe por y sienta el mal que lo aqueja. Es igual que el hambre. Mientras una persona tenga hambre, sólo podrá pensar en su hambre y en la forma de mitigarla.

Si no te importa nada, no eres nada.

— *Anónimo español*

capítulo diez

Curaciones físicas para los ambientes

Lo más importante en tu vida es tu actitud mental, pero hay sitios que están enfermos. Lugares donde han vivido otras personas y tú no sabes qué pasó en esa casa o en ese negocio. Aunque parezca mentira, todas las emanaciones se pegan de las paredes y pisos. Por eso, las vibraciones que constantemente se están emitiendo afectan los ambientes y éstos a su vez influyen sobre las personas, plantas y animales que allí habiten.

Por eso es tan importante tener cuidado del tipo de energía que hay en la vivienda. Incluso en un apartamento recién comprado, puedes encontrar vibraciones funestas, ya sea porque desde la ventana del comedor se lanzó uno de los obreros y se suicidó, o lo que es peor: otro lo lanzó y el crimen quedó impune, o el edificio fue construido en un antiguo cementerio, o las aguas residuales de la necrópolis desembocan bajo el inmueble, o una antena repetidora de televisión o de microondas, envía toda una serie de energías negativas hacia tu hogar, o pegado a tu vivienda hay un tremendo transformador de voltaje de la compañía de electricidad, etc. O debajo de tu residencia pasan corrientes de energía que puedan afectar a quienes allí viven.

La mayoría de las personas no tienen ni idea de la gran diversidad de vibraciones que nos están bombardeando en variadas formas a cada segundo en nuestros cuerpos. Muchas de estas energías afectan la atmósfera. Un ejemplo de éllo, son los líquidos metidos dentro de latas, (aerosoles) para lo cual utilizan elementos que producen el gas que los hace salir al apretar un dispositivo.

Ese gas es dañino para nuestro ambiente porque perjudica la atmósfera terrestre: más concretamente la capa de ozono. Esta capa protectora contra los rayos ultravioleta del sol, está siendo debilitada sobre los polos del planeta. Si llegara a ser destruida, o eliminada parcialmente, los habitantes de la Tierra recibiríamos muchos daños que se verán como enfermedades.

De igual manera las vibraciones cósmicas y las que envían los seres humanos a través de su mente, nos están afectando continuamente, a la vez que también pueden ser interferidas por las condiciones antes mencionadas: vibraciones de centrales eléctricas, de minas de plutonio, hierro, etc, que estén bajo nuestra vivienda o alrededor, de experimentos que se hagan cerca a donde estamos, etc.

Al igual que el imán interfiere en el buen funcionamiento de una brújula, y una montaña no nos permite recibir las señales de radio, también hay otro tipo de obstáculos para otra clase de "señales" u ondas.

En realidad no somos los únicos seres que nos encontramos sometidos a una incesante lluvia de radiaciones que bien podríamos llamar planetarias.

Los animales, las plantas y los minerales también las están recibiendo. Por el sólo hecho de estar todos dentro del mismo "barco" que llamamos Tierra, estamos bajo el influjo de lo que nos envíen el sol y la luna, los astros más determinantes en nuestras vidas, sin contar las influencias de los demás.

Esto incluye no solamente la temperatura, las mareas, los rayos cósmicos, sino los efectos producidos por fenómenos que se originan tanto en el astro rey, como en nuestro satélite natural: tormentas solares, los ciclos lunares, las manchas solares e incluso la interferencia de los otros planetas de nuestro sistema solar. Sin embargo, estamos en capacidad de entender y evitar los daños que nos puedan ocasionar, ya que debido al gran poder de nuestra mente, proveniente de la grandeza de la Divinidad que habita en nosotros, podemos hasta cierto grado independizarnos de estas influencias, de las que el resto de la creación planetaria no puede escapar.

Las influencias estelares, terrestres y magnéticas no afectan nuestros cuerpos espirituales.

Ciertas vibraciones impactan los ambientes donde pasamos gran parte de nuestro día. Ya sea porque allí dormimos, o trabajamos, o constituyen parte de nuestra vivienda, etc. Estamos rodeados por vibraciones cósmicas, vibraciones terrestres, magnéticas, eléctricas, emocionales, de colores, sonoras, de enfermedades, etc. Aunque no las podamos ver y en muchos casos sentirlas, no quiere decir que no nos afecten. Por eso es que muchas veces nos sentimos incómodos y no sabemos por qué, hasta llegar la enfermedad y no conocer tampoco el motivo. Es entonces, cuando el médico para no quedar mal, tiene que decir que es un nuevo tipo de virus.

Las vibraciones que no son concordantes, comunican esa falta de armonía a nuestros cuerpos multidimensionales, las que pueden llevar a una persona no solamente a la enfermedad física, sino a la enfermedad psíquica y aún a la muerte. Te doy un ejemplo: un ser humano que está siendo bombardeado por vibraciones de materiales radioactivos, terminará con cáncer y si no se trata a tiempo y además, no se descubre la causa, morirá. Por eso es tan importante el Feng Shui, porque estudia todas estas causas y sus soluciones.

Mientras tanto, te recomiendo que no duermas bajo vigas que sostienen la estructura del edificio donde vives. El concreto de las paredes de tu dormitorio debes aislarlo con paneles de madera, corcho, o cualquier otro material inocuo y dieléctrico. No sitúes tu cama bajo el alféizar de la ventana. Si siempre te levantas sintiéndote mal sin causa aparente, cambia de posición tu lecho porque puede estar sobre una vena telúrica. Y utiliza el agua tal como te lo he explicado en el capítulo dedicado al buen uso de este líquido.

Además de tu entereza mental, y la limpieza astral que transcribo en esta obra, te entrego la siguiente protección espiritual. Para tu propio beneficio la debes repetir cuantas veces te acuerdes:

Pido a mis Seres de Luz, que construyan una esfera de protección alrededor de mis campos vitales, para que ninguna energía inferior a la Luz y a la Perfección pueda acercárseme ni hacerme daño. Doy gracias.

Luego te visualizas dentro de esa esfera. Igual petición puedes hacer para tu apartamento y después para todo el edificio. Para tu casa, si vives en una, y los hogares donde residen familiares y amigos. Cuando pides para otros, visualizas que dentro de la esfera, de la parte superior se desprenden pequeños haces de luz plateada que bañan todo el recinto. Hazlo igualmente con tu automóvil o un vehículo donde estás viajando: tren, barco o avión. Cuando repites esta protección, en lugar de decir: que construyan, dices: que refuercen.

También hay varios "detergentes" con gran energía espiritual, que puedes utilizar en tu hogar.

Número uno: elimina todas las imprecaciones, maldiciones, groserías, obscenidades, de tu vocabulario. Si ese no es tu caso, pues mucho mejor, porque ya tienes gran cantidad de terreno ganado. Todo esto baja mucho la tasa energética y los iguales se atraen. Cuando estás rodeado de bajas vibraciones, del astral vienen entes empatibles y/o compatibles con ellas. Por el contrario, cuando las energías son altas, sutiles y positivas, son atraídos seres similares a ellas, como ángeles, maestros, miembros de la Jerarquía Espiritual, etc.

Número dos: envía con mucha frecuencia, sentimientos y pensamientos de amor. Siente el amor. Profesa el amor. Ejerce el amor. Trabaja el amor. El amor bien entendido y bien comprendido. Siente que amas a todo el mundo, amas la naturaleza, amas la vida, amas tus objetos personales. Como lo lees: desarrolla amor por todo lo que comparte tu vida: tus cuadros, tus muebles, tus objetos de adorno, objetos de arte y en especial, los seres vivos que te acompañan: tu pareja, tus hijos, los demás seres que están bajo el mismo techo. Entre los seres vivos que amas, lógicamente están los animales y las plantas.

Cuando nosotros con esta mente tan fabulosamente poderosa pensamos mucho en algo, originamos un egrégor. Esto es, que le damos una especie de vida, de existencia a algo que hemos creado. Eso podemos hacer con nuestro objetos personales. Prestarles un poco de vida, de existencia, comunicarles nuestros sentimientos. Con mayor razón a las plantas y animales, con quienes estamos en capacidad de crear una gran empatía telepática. Tú sientes amor por ellos y ellos sienten amor por ti. Pero el amor de ellos va mucho más allá, porque te comprenden, sienten tus sentimientos y sufrimientos y están en capacidad de protegerte hasta cierto grado. Es por eso que de repente vemos que una planta se ha muerto o un animalito de la casa fallece sin razón aparente. Él o ella, se atraviesan en el camino de la mala vibración que venía hacia ti y dan su vida por amor.

Número tres: bendecir. Para integrar el ambiente a ti, debes amarlo y bendecirlo. Por lo tanto, cuando te pongas a meditar sobre lo feliz que te hace tu hogar, bendice todos sus componentes: puertas, ventanas, armarios, closets, cocina, elementos de vidrio, de acero, de hierro, de cemento, de arena, de nylon, de lana, que en conjunto conforman tu casa y dales gracias por todo el bien que te dan. Todo el confort y el cobijo que te proporcionan. Habla con tu casa: dile lo feliz que te hace, mímala. Consiéntela. Dale gracias por el cobijo que te da, por la protección que te presta. Porque te defiende no solamente de las inclemencias del tiempo, sino porque ella, es una fortaleza inexpugnable que te protege de todo mal de cualquier índole. (En esta forma la estás programando).

No te extrañe cuando empieces a sentir el amor de tu casa hacia ti. Bendice a todas las personas que llegan a tu hogar. Inclusive a los vendedores imprudentes. Ellos tienen también que ganarse el pan de cada día.

Está pendiente de todos los síntomas que presenta tu morada: no permitas nada que denote enfermedad, tristeza o pobreza. Tu casa debe demostrar alegría, felicidad, salud, limpieza, orden, generosidad, abundancia y prosperidad. Y eso depende de ti. Porque quienes viven en un sitio, son los que la mantienen limpia y en buen estado de conservación que se revierte en lo que refleja y en el ambiente que proporciona, ya sea de opulencia y paz o desorden y miseria. Bendice a los ángeles que conviven contigo en tu vivienda. Dales la bienvenida. Agradece a Dios porque "Ha mandado a Sus ángeles a protegerte en todos tus caminos". (En todo momento y ocasión).

Ambienta tu residencia y tu lugar de trabajo. Las mejores vibraciones pertenecen a la luz. Permite que la luz del sol, luz sanadora, rejuvenecedora, armonizadora, penetre por todas partes. Que los ángeles solares anden libremente por tu casa, igual que los ángeles del aire. El aire tiene que renovarse porque tú necesitas respirarlo puro y fresco. No puedes vivir dentro de un espacio viciado.

No pegues los muebles a las paredes. Además de dañar la pared y el mueble, no permites que la energía del aire circule libremente. La estancas. Y todo elemento que está estancado, se daña. Lo que está dañado o corrompido, daña o corrompe a lo que tiene al lado. Una manzana podrida, pudre a todas las del mismo cesto.

Acostumbra tener muchas plantas y poner flores o matas florecidas en diversos lugares de tu casa. Música agradable, armónica, de ambientación o de meditación. Prende incienso de vez en cuando y déjalo en distintos lugares de tu vivienda. El incienso purifica y eleva las vibraciones. En cuanto a las flores, para provocar las vibraciones que buscamos, deben ser naturales. Las artificiales o son flores muertas, o son papel o tela. Esto independientemente de que estén de moda, y sean bellas. Si te gustan, en un lugar sitúas las artificiales y en otro las naturales.

También es una buena costumbre tener una lumbre encendida a alguna entidad espiritual de Luz. Por ejemplo: Buda, Chrishna, los ángeles, Shiva, Moisés, El Cósmico, La Jerarquía, etc. Coloca hojas de eucalipto en floreros. A estas hojas secas, puedes intercalarles flores disecadas y así haces un bello adorno que contiene las vibraciones de las flores y hojas naturales. Los árboles que producen una mayor energía que comparten con nosotros, son los eucaliptos, los pinos y los abetos.

Habla con tus plantas. Demuéstrales la alegría que te produce un nuevo brote, un nuevo botón, una nueva flor. Elógialas. Pídeles permiso y agradéceles si las vas a cortar para adornar con sus flores tu casa o a ponerlas en tu altar o sanctum. Cuando las estés podando, explícales que no quieres hacerles daño: por el contrario, es para que se pongan más frondosas, hermosas y produzcan flores, o frutos, según sea el caso. Al igual que tu casa, también puedes programar tus plantas. Su programación es muy sencilla. Les hablas. Para hablar con tus plantas, no necesitas estar cerca de ellas. Son los seres más telepáticos del universo. Puedes sostener largas conversaciones con ellas desde el otro lado del mundo cuando te encuentres viajando y así al regresar a casa, las encontrarás bellas y sanas, esperándote. Diles que deseas que sean además de tus amigas, hijas, sobrinas, ahijadas, nietas, como desees llamarlas, unas guardianas que tú necesitas para tu hogar, oficina, negocio, etc.

De ahora en adelante la vegetación que te rodea tendrá una responsabilidad. Tú confías plenamente en tus plantas. Ellas van a encargarse de limpiar astralmente tu casa. La mantendrán dentro del mejor y óptimo nivel vibratorio de salud, paz, armonía, felicidad, salud, prosperidad. Ayudarán a tus seres de luz a fin de que ninguna energía no polarizante pueda acercarse.

En cuanto a remedios para eliminar las malas vibraciones, están los siguientes:

Limpieza con sal marina

Tomas un recipiente de metal con una asa larga. Puede ser un sartén. Introduces una cucharada de sal marina o una piedra de sal que sea de esa medida aproximada. Lo depositas en el recipiente. Le derramas encima dos cucharadas de alcohol del que venden para uso externo en las farmacias y le prendes fuego con un fósforo. Puedes hacer esto en cada ambiente de tu casa.

Si las llamaradas son muy fuertes, lo repites hasta que produzca una llama normal. Es lógico que cuando hayas quemado varias veces durante el mismo día, la sal, produzca agua y por lo tanto, no toma fuego. Esa agua la botas por el bajante del sanitario, lavas el recipiente con agua y jabón y empiezas la operación de nuevo.

Te voy a contar una anécdota que viví en mi hogar con respecto a la limpieza con sal. Tenía un perro doberman. Lo cambié del jardín delantero para la parte trasera de la casa. Allí tenía una perrera muy cómoda. No había forma ni manera de que se quedara adentro. Para enseñarlo, como esa caseta es grande, me metí con él, atravesándome en la puerta para que no pudiera evadirse. Lloraba quedamente porque trataba de pasar sobre mí para salir y yo no lo dejaba. Estuve con él como veinte minutos y consideré que había aprendido que tenía que quedarse allí. Apenas me quité, se fue. Era época de lluvia y pude verlo muchas veces aguantando tremendo aguacero encima, buscando refugio, pero no entraba en la perrera.

Los antiguos nómadas chinos, acostumbraban tener perros. Cuando decidían buscar un nuevo asentamiento, soltaban los canes y donde éstos se echaban, allí era donde ellos se iban a instalar. Porque sabían que estos animales buscan los sitios que tienen las mejores vibraciones.

Así que decidí quemar sal dentro de la perrera. Se me apagaba por haberse acabado el alcohol, volvía a ponerle más y lo encendía nuevamente.

Repetí esta acción varias veces. Me despreocupé de este asunto y la verdad es que se me olvidó. Varios días después, con un tiempo muy bonito, salgo al patio y no veo al perro. Pregunto por él y me contestan que está en la perrera.

A partir de ese entonces, le encantaba pasarse horas enteras durmiendo allí.

Esto de la sal lo puedes hacer en cualquier ambiente: hogar, oficina, negocio, etc. Hay varias formas de limpiar la casa u oficina. Mantén todo muy aseado: así evitas gérmenes físicos y de los otros.

Limpieza etérica con limones

También puedes poner a hervir agua y colocar allí tres limones enteros partidos en forma de cruz sin que se separe el limón en cuatro pedazos independientes. En este caso, la cruz no tiene connotación religiosa. Recuerda que la cruz es un signo místico de miles de años antes de Jesucristo. Después de que hiervan, paseas el recipiente echando vapor por todo el ambiente.

Limpieza etérica con mostaza

En un recipiente con agua, colocas semillas de mostaza. La dejas hervir y limpias de la misma manera que te indiqué con los limones. En cada caso, haces uno solo de estos tratamientos. Los mejores días para la limpieza etérica son los martes y jueves, aunque puedes lavar cualquier ambiente con estos ingredientes, el día de la semana que te sea más cómodo.

Limpieza etérica con alcanfor

Otra alternativa es colocar cuadritos de alcanfor en los cuatro puntos cardinales de la vivienda. El alcanfor es tan bueno y tan antiguo su uso que desde tiempos inmemorables, viene la costumbre de colgar una bolsita de tela con un pedacito de alcanfor dentro, al cuello de los bebés para protegerlos. *Advertencia: el alcanfor no se hierve, Tal como viene, lo sitúas en los cuatro lados de tu hogar.*

Limpieza etérica con vinagre

Coloca recipientes que pueden ser como de adorno llenos de agua a la que añades un chorrito de vinagre blanco. Los sitúas en varios lugares de tu casa para dejarlos allí definitivamente. Si quieres, les puedes agregar un poquito de sal. Las personas cristianas, si desean, utilizan agua bendita que consiguen en los templos. No se es necesario agregarle nada. Antes de bendecirla, ya le han incorporado sal.

Limpieza etérica con agua

Quienes quieran, toman el agua y la bendicen con sus propias manos y la colocan en los recipientes abiertos en diferentes lugares de la casa. Esta agua no es necesario cambiarla todos los días. Si vives donde hay muchos mosquitos (zancudos) es conveniente cambiarla por lo menos cada dos días para evitar que sirva de criadero para estos insectos. Cada vez que lo vuelves a llenar, lavas bien el recipiente.

Distintos elementos para la limpieza etérica de los ambientes

Luego de asear físicamente muy bien tu casa, le pasas la mopa (coleteas, trapeas) con agua con kerosén, agua con amoníaco o cuernociervo, agua con el jabón que viene en panelas de color azul, o también puedes disolver una pequeña pasta de esas que vienen en cuadritos que se usan para darle un color azulado a la ropa blanca. En algunos países le llaman azulillo y/o añil.

También puedes limpiar tu vivienda o negocio colocando gotas de aceite de jazmín o de sándalo en la última agua con que aseas los pisos. Igualmente sobre esas plaquitas que venden para ahuyentar a los mosquitos, la pones sobre el aparato eléctrico correspondiente, lo enchufas y sobre una plaquita ya gastada, derramas unas gotas ya sea de sándalo o de jazmín, el ambiente olerá divino y la vibraciones serán maravillosas. Para una limpieza etérica, debes hacerlo durante siete días.

Si deseas atraer entidades espirituales benéficas, utilizas por el mismo tiempo o permanentemente, incienso y ámbar.

Todas estas recetas puedes alternarlas, o hacer la que te sea más cómoda, o la que sientas que es más efectiva para tu caso particular.

Todo lo que tiende a purificar y a
elevar la mente, ayudará en la
obtención de la felicidad y propiciará
la repetición de momentos felices.
Hay diferentes caminos para lograr
este fin: el amor a la belleza que exalta
el poeta, la devoción al Uno (Dios),
el ascenso de la ciencia...el amor y
las plegarias con las cuales algunos
devotos y almas avanzadas, buscan
la perfección por medio de la pureza.

— *Plotino, 205–207 A.C.*

capítulo once

Importancia del agua

Dentro de los elementos que nos rodean, el agua tiene una grandísima importancia para nosotros. Después del oxígeno, es el más importante para el ser humano. Es vital. Sin agua perecemos. Por algo existe la teoría de que dentro de la evolución de las especies, el hombre viene del pez.

Otra cosa fundamental es que nos formamos como embriones dentro del líquido amniótico en el lugar donde permanecemos durante nueve meses. Aproximadamente el ochenta y cinco por ciento de nuestro organismo es acuoso. Respiramos partículas líquidas porque dentro del aire hay agua en pequeñas cantidades. El aire conserva humedad que nos es necesaria para la vida.

Sin agua, el planeta no podría mantener la vida. Aproximadamente el setenta y cinco por ciento de la Tierra está compuesta por agua. Es impresionante cuando nos ponemos a observar un globo terráqueo y podemos analizar la gran cantidad de espacio que ocupan los océanos en comparación con los continentes e islas. Y eso que desde esa perspectiva, no estamos viendo los lagos y ríos.

Un ser humano puede estar sin oxígeno de cinco a ocho minutos sin sufrir daños cerebrales. Puede vivir sin agua tres días y sin comida un mes. Estos datos son aproximados. El agua es tan importante que todas las religiones la han tomado como símbolo místico. El bautismo o iniciación en las grandes religiones es la purificación del aspirante con agua. Muchas ceremonias se hacían y aún se hacen empleando la sanación espiritual a través del agua.

En los oficios religiosos cristianos y en la misa, el sacerdote u oferente se lava las manos en señal de purificación para estar más digno ante Dios. La primera iniciación en el cristianismo, el bautizo, es básicamente con agua, una costumbre que traen a través de los judíos desde los egipcios. En el Egipto antiguo, en la entrada de todos los templos, había una gran piscina o pileta donde se purificaban los asistentes antes de entrar al recinto sagrado.

El Feng Shui, antigua ciencia milenaria de la China, recomienda colocar fuentes de agua en la casa y vaporizadores en el dormitorio y demás cuartos donde la persona esté más frecuentemente. Desde el punto de vista espiritual, el agua es un elemento de mucha importancia vibracional.

El agua no solamente limpia las impurezas del cuerpo y de los objetos sino que purifica la parte espiritual. Cuando te bañes, puedes limpiar tu aura con el agua (ver los ejercicios más adelante). Por eso podemos decir que la limpieza es cercana a la Divinidad.

Los alquimistas de la edad media comprendieron la importancia del agua desde el punto de vista psíquico y físico y como solvente primario.

La persona que tiene el hábito de beber mínimo ocho vasos de agua diarios desintoxica su organismo, ayuda a sus riñones a trabajar mejor y lava su cuerpo astral. Cuando hay humedad en el dormitorio, hay mayor probabilidad de establecer contactos psíquicos o espirituales.

Toma la costumbre de beber un vaso de agua fresca en la noche antes de dormir y deja en tu dormitorio una vasija de vidrio o cristal de boca ancha con agua hasta el borde para que la evaporación del líquido contribuya a equilibrar el ambiente cerrado. Esta agua deberás cambiarla todos los días. En un lapso de tres meses, podrás notar la gran mejoría en tu salud, muchas veces en una sola noche o en un par de ellas.

Así que anota cuando comiences y los síntomas de apariencias de enfermedad o molestias que tengas y al cabo de tres meses, analiza lo que has mejorado. Sin embargo, es bueno que recuerdes en el caso de que estos beneficios no sean de la noche a la mañana, que ningún malestar sucede a menos que sea un accidente en tan breve tiempo. Las enfermedades se van incubando poco a poco en el organismo, luego de meses y aún de años, aparece la afección. Entonces, la gente suele decir que le comenzó cuando hizo erupción.

Por lo tanto, las curaciones tampoco suceden en un abrir y cerrar de ojos. Pero, con tu fe y tu constancia, puedes reducir considerablemente el tiempo de recuperación.

Volviendo a la vasija de agua en tu habitación: con esa agua, tienes todos los elementos para manifestar leyes naturales. Si eres una persona meticulosa, te podrás dar cuenta en la mañana que el agua ha bajado de nivel debido a la evaporación que ha habido en la noche. Esa agua no ha desaparecido: es muy posible que esté en tu habitación, sanando el ambiente, siendo ahora parte de esa atmósfera.

Este es uno de los milagros de la naturaleza: la transformación de líquido a vapor. Este cambio produce efectos mágicos y, por tal motivo, es muy importante para ayudarte a concentrar, ya que puedes meditar únicamente fijando tu vista en el agua y en los fenómenos que se van sucediendo.

Esta conversión del agua es tan importante que ocurre y está ocurriendo constantemente en toda la Tierra. Es uno de los fenómenos que mantienen la vida en el planeta. Permite que una cierta porción de humedad magnética flote en el espacio y sea aspirada tanto por la gran cantidad de vegetación que, gracias a Dios, nos queda todavía, así como por los seres humanos y los animales.

Las vibraciones de esta humedad ayudan a elevar las espirituales del ser humano porque estas energías atraen a sus pares cósmicas produciendo una cierta condición psíquica alrededor de la Tierra, en cuya atmósfera podemos encontrar fácilmente no solamente salud y sabiduría sino entonamiento con la Divinidad.

Te recomiendo los siguientes decretos y ejercicios que están más adelante a fin de que mantengas tu campo aúrico limpio, así como el cuerpo astral.

Para mantener sanos los cuerpos físicos y espirituales, tanto ante el debilitamiento que produce un dolor emocional o ante causas externas que puedan afectarlos, debes hacer las siguientes prácticas:

Ejercicio número 1

Cada vez que te bañes en la ducha o cuando estés bajo la lluvia, repites: "Lluvia de bendiciones cae sobre mi cabeza".

Ejercicio número 2

Cuando te estés bañando, invoca a los ángeles del agua. Este baño puede ser en bañera, ducha o en una piscina. Dices lo siguiente: "Invoco a los ángeles del agua para que vengan, vengan, vengan y se lleven todo lo malo, todo lo negativo, todo lo que no es mío".

Si te encuentras tomando un baño de ducha o bañera, visualizas o piensas que por el bajante se van todas esas cosas negativas.

Si estás en un gran reservorio de agua —lago, río o mar— lo cumplimentas: "Te saludo hermano río, te saludo hermano lago, te saludo hermano mar". Empiezas a bendecirlo y a desearle que sus aguas sean limpias, que los detritos que haya en él sean eliminados, que nadie más le tire desechos o cosas contaminantes. Proyéctale y visualiza toda clase de vida en su seno sana, prospera y feliz: muchos peces, mucha vegetación, mucha agua, muchos pájaros en sus riveras, mucha felicidad.

Luego le pides que, con su gran energía, te limpie en todos tus cuerpos, te llene de salud y te dé mucha fuerza. Disfruta ese abrazo, ese fundirse con el líquido vital. Le pides a los ángeles del agua que compartan ese baño contigo y que todo lo malo sea eliminado en el elemento agua y en ti, en todos tus cuerpos.

Ejercicio número 3

Al estar bajo la ducha, piensa y decreta que el agua está lavando tu cuerpo aúrico y ayudas con tus manos (figura 1). Con las dos, haces el simulacro como si empujaras el agua desde tu cabeza hacia abajo y piensas que estás limpiando tu aura y tu cuerpo astral. Al llegar al nivel de los hombros (figura 2), sacudes con fuerza las manos y las

limpias de la energía negativa que hayan tomado, haciendo el ademán de arrastrar con una mano sobre la palma de
la otra mano en dirección hacia los dedos y cayendo en el
vacío (figura 3). Cambias de mano (figura 4). Terminada
esta operación, frotas las palmas vigorosamente (así cargas, estimulas nuevamente la energía positiva) y las volteas por unos segundos hacia arriba (figura 5) para recibir
energía positiva. Continúas "barriendo" con tus manos de
arriba hacia abajo (figura 6). No olvides limpiar la espalda. En los brazos y las piernas, lo haces por el exterior y
luego por el interior comenzando en las axilas (figuras 7,
8, 9 y 10). Te "barres" las manos como cuando uno las
tiene untadas de harina.

Al llegar a los pies, sacudes con las manos vigorosamente sus plantas del talón hacia la punta de los dedos
(figuras 11 y 12) y luego haces lo mismo con las manos,

**Figura 1: Con las manos sobre la cabeza, simulas como si
empujaras el agua (o la energía si no lo haces cuando te estés
bañando). Seguir del centro de la cabeza hacia abajo.**

Figura 2: De los hombros empujas con ambas manos hacia abajo.

Figura 3: Te sacudes las manos para quitar de ellas la energía negativa que vas recogiendo en tu cuerpo. También, con una mano barres la otra.

Figura 4: Cambias de mano y repites.

Figura 5: Luego de frotar vigorosamente las manos,
las volteas hacia arriba para que se carguen nuevamente
con la energía del Universo.

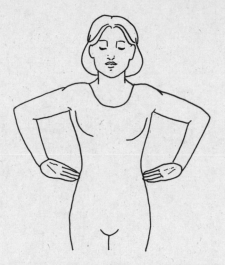

Figura 6: El barrido del torso hacia abajo.

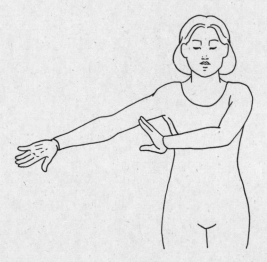

Figura 7: Manera de barrer la parte exterior de los brazos
de arriba hacia abajo.

Figura 8: Manera de barrer la parte interior de los brazos de arriba hacia abajo.

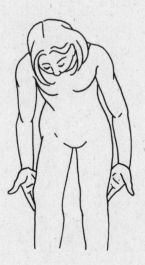

Figura 9: Barriendo los muslos por la parte exterior de arriba hacia abajo.

Figura 10: Manera de barrer la parte interior de los muslos.

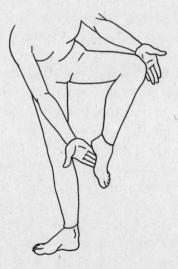

Figura 11: Barrido de la planta interior de los pies, siempre
hacia afuera, o sea, hacia la punta de los dedos.

Figura 12: El barrido de la planta exterior de los pies, siempre hacia afuera, o sea, hacia la punta de los dedos.

eliminando la energía negativa que éstas hayan podido recoger y vuelves a recargarlas. Repites la limpieza de los pies en la misma forma.

Para desobstruir el plexo solar bajo la ducha, colocas las manos abiertas con su lado interior sobre el plexo solar con las palmas de las manos hacia afuera mientras los dorsos se tocan (figura 13). Entonces haces el ademán como de barrer hacia el exterior, o sea, en dirección de los lados de tu cuerpo, separando los dorsos y moviendo las manos hacia los lados (figura 14).

Repítelo varias veces mientras piensas que estás abriendo el plexo solar para que salga todo lo malo que hay allí. Piensa, visualiza, decreta que está saliendo lo negativo, lo que no te pertenece y ayudas con las manos en la misma forma que ya te expliqué. Luego, cuando sientas o pienses que ya salió todo, haces el ejercicio al contrario.

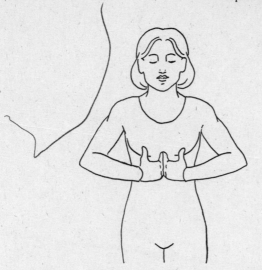

Figura 13: Los dorsos de las manos se tocan y, en esa
posición, comienza "el barrido" de la energía
hacia afuera con el fin de abrir este chakra.

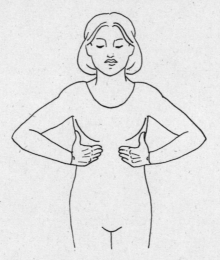

Figura 14: Vemos la mano con los dorsos enfrentados
corriendo la energía hacia afuera. Se repite varias veces
para que salga todo lo negativo.

Figura 15: Para cerrar este chakra, se hacen los movimientos al contrario, de los costados hacia el centro del cuerpo.

Figura 16: Empezando en los costados del cuerpo, dirigir en esa posición las manos enfrentadas por las palmas hacia el centro del cuerpo hasta tocarse ambas manos.

¡Cuidado! No vayas a dejar este centro energético abierto porque es muy peligroso. Tienes que cerrarlo. Lo haces a la inversa de la forma en que lo abriste. Ahora, las manos quedan con las palmas enfrentadas (figura 15) y empujas de los costados de tu cuerpo hacia el centro (figura 16) a la altura del plexo solar, decretando que está cerrando y que queda totalmente hermético, que nada malo podrá entrar en él. Está limpio, energetizado y armonioso: saludable.

Ejercicio número 4

Para energetizar el agua, colocas agua fresca dentro de un recipiente de vidrio o cristal que sea fácil de levantar. Una vez casi totalmente lleno, lo acercas (casi pegado) a tu plexo solar con tus dos manos abiertas sin tocarse la una con la otra sostienen el envase. Visualizas y sientes que tanto de tus manos como del plexo solar y del chakra de la Corona sale energía que energiza el agua. Puedes durar de tres a cinco minutos haciendo esto.

Luego esa agua sirve para limpiar la casa, ponérsela a las plantas, dársela a una persona enferma o también para tomarla tú mismo. Es algo extraordinario el poder curativo y armonizador que tiene.

No olvides que el agua es el mejor limpiador. Quita el sucio físico y el etérico.

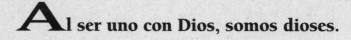

Al ser uno con Dios, somos dioses.

— *Salmo 82:1*

capítulo doce

Armonía: fuente de todos los bienes

Como habrás podido leer en este libro y oír infinidad de veces, la mente del hombre tiene poderes que se pierden de vista. Está comprobado que un ser humano muy inteligente e instruido no utiliza ni el diez por ciento de la capacidad de su cerebro. Otra ventaja o cualidad que nos adorna es la voluntad. Todo lo que tengamos o alcancemos no nos servirá de nada si no tenemos lo que se llama fuerza de voluntad.

Voluntad es el deseo, vigor y empeño que ponemos en lograr un anhelo. Por eso es tan importante la fuerza de voluntad. Quien es su dueño, sale adelante. El que no la tiene se queda en el punto de partida. Son precisamente este trinomio —fe, fuerza de voluntad y mente— que le permiten al hombre ser el rey del universo, soberano y dictador de su propia vida. Igualmente pueden situarlo fuera de la armonía del resto de la creación.

Armonía es salud. Armonía es belleza. Armonía es paz profunda. Armonía es perfección. Lo que es perfecto, tiene armonía en todas sus partes. Por eso debes buscar la armonía en todo lo que haces. Procura mantener la armonía que es el correcto funcionamiento de tus chakras, para que esa sincronización reine en todo tu organismo, así como en tus sentimientos, tu mente, tu espíritu, tu vida personal y todas tus circunstancias.

Como he mencionado en otros capítulos, la armonía es la perfección. Todo lo que está funcionando bien está en armonía. Al perderse la armonía, las cosas se dañan. Si en un matrimonio no hay armonía, es porque anda mal. Cuando no hay armonía en un órgano, viene la enfermedad. En el momento en que una persona se aleja de Dios y de los principios espirituales, pierde la armonía con el universo. Está separado de la sabiduría del universo, de las bendiciones del Cósmico y su vida es un caos. Hay que emplear aquí la voluntad para que la fe funcione. Para dejar actuar las fuerzas en las que creemos a fin de que cumpliendo y obedeciendo las leyes espirituales podamos gozar de la armonía que ellas encierran. Digo cumpliendo y no te asustes. No matar es una ley espiritual.

Una persona puede poseer una salud perfecta, una relación familiar perfecta, una fortuna muy sólida y sin embargo, no ser feliz. Pero si esa persona descubre la felicidad que da el servir a sus semejantes, también descubrirá la paz interior porque el ser humano debe ser al igual que Dios, un creador de armonía.

En lugar de pasarte días y noches enteras sufriendo por causa de un problema que ves sin posibilidades de resolverse, deberías buscar tu armonización interna. Sí, armonizarte con las leyes cósmicas y entonces, lleno(a) de todo ese poder divino, decretar con mucha fe, confianza y serenidad que todo va a suceder para tu mejor bien.

A través de la armonización encontramos la paz profunda y el contentamiento, recuperamos la salud, la prosperidad y el éxito y aunque no nos demos cuenta, irradiamos una energía especial que alcanza a todas las personas, lugares y cosas que están a nuestro alrededor.

Si el mundo aplicara la ley de ojo por ojo, sería un mundo de ciegos.

— *Mahatma Ghandi*

capítulo trece

Ley de causa y efecto

A esta ley se la llama de muchas maneras: ley del karma, ley de compensación, ley del boomerang, etc. Todos estos nombres quieren decir lo mismo: recibirás lo que das. Así de simple. Si escupes para arriba, te caerá en la cara. La ley es inmutable y eterna, cuyo punto de equilibrio es la experiencia por cuanto el hombre aprende a encarar sus propios errores o hacer frente al ineludible retorno del duro aprendizaje.

No hay forma de esquivarla al igual que todas las leyes espirituales. A simple vista pareciera que fuera la aplicación de la ley mosaica: ojo por ojo, diente por diente. Pero más bien, es la forma como entendió Moisés, la manera de aplicarla. Esta ley, en verdad, es un permanente equilibrio entre el problema y la solución.

Todo está regido por la ley de causa y efecto. Si tiras una piedra, en alguna parte vas a dar una pedrada.

Para apreciar la belleza en todo su esplendor, debes conocer lo contrario: la fealdad. Sin embargo, el precio que tenemos que pagar por este aprendizaje no debe ser óbice (obstáculo) para que te prives de disfrutar las cosas más bellas de la vida: las alegrías del espíritu, el contentamiento de los sentimientos.

Recibes lo que das y con añadidura. Cosechas lo que siembras. En este dar y recibir, sembrar y cosechar, hay una ley etérica muy similar a su par de nuestro mundo material: entre más empeño, ahínco, deseo, intención que pongas en una cosa, mejor resultará. Será más fuerte.

Si siembras con la mejor semilla, la mejor tierra, con mucho cuidado, abonas, desinfectas y fumigas, mejor será la cosecha. Así que si pones mucho de ti, mucha fuerza, mucha intensidad y mucha frecuencia en decretar algo malo, la respuesta tendrá esa misma vehemencia multiplicada en proporción a ese apasionamiento.

De acuerdo con la ley de atracción, atraes lo que piensas.

Entonces, no te preguntes: ¿Por qué a mí? La respuesta es: porque eso es lo que has estado pensando y por lo tanto atrayendo.

Puede suceder que en determinado momento una persona se canse del esfuerzo que está haciendo y piense que no va a recibir la recompensa esperada. No debes caer en eso porque la respuesta siempre está en alguna parte del tiempo y del espacio. Es una debilidad que puede costarte caro, por cuanto estás negándote a algo que te viene en ese preciso momento y como tienes la puerta cerrada, pasará de largo y luego, seguirás quejándote de que no llegó.

La oración siempre tiene una manifestación que puede llegar en el momento menos pensado. Persistentemente esperamos una respuesta afirmativa aunque lo que pidamos sea descabellado y nos perjudique. Por tal motivo, muchas veces la contestación es: Espera un poco y ya vendrá, o también puede ser *no*. Ese no, igualmente, es una manera de responder a una pregunta.

Ustedes no tienen, porque no piden.

— *Santiago 4:2*

Como a la mayoría de la gente le gusta saber anécdotas que sirven de ejemplo a lo que se está leyendo, voy a contarte la siguiente que demuestra que siempre hay una respuesta pero que, lamentablemente, muchas veces no es exactamente la que queremos oír, ni nos llega en el preciso momento en que deseamos recibirla.

Yo afirmo en este día, ser causa y efecto en todo el bien que pueda generar para mí y para los demás.

Cuando recién comencé a salir con mi esposo, estaba muy enamorada de él (y lo sigo estando), pero él no me daba igual impresión. Eso me tenía ansiosa. Un día en mi sanctum —quiero contarte que hace más de veinticinco años siempre he dedicado una habitación de mi vivienda para hacer en este lugar mis meditaciones— dediqué toda la meditación a preguntar si Rafael me quería y si se iba a casar conmigo.

Crucé mis piernas en posición yoga y me concentré únicamente en oír la respuesta. No permití que ningún pensamiento me fuera a interferir con esa respuesta. Como a los diez o quince minutos, muy difícil de precisar porque a lo mejor fueron dos o tres y a mi me parecieron muchos más, de pronto, dentro de mi cerebro, una voz grave, muy claramente dijo: "Él te dará la respuesta".

Me quedé que no sabía qué decir. Al fin contesté: "Pero, ¿cuál es la respuesta? La voz en el mismo tono repitió: "Él te dará la respuesta". Y, efectivamente, provino de Rafael, un año después, cuando me pidió que nos casáramos y amándome mucho desde entonces. Pero, no obtuve la respuesta en el momento en que quise saberla y cómo deseaba recibirla, aunque no puedo decir que no me llegó.

Ningún poder externo a ti, puede hacerte daño mentalmente, influir en ti, o alcanzarte, a menos que tú se lo permitas.

capítulo catorce

Envenenamiento mental

La mente humana es un mundo como dicen por ahí. Al creer en una falsedad, puede convertirla en una verdad virtual. Hay personas que son muy crédulas y/o muy susceptibles a creer todo lo que les dicen, especialmente sobre eventos del mundo espiritual. Son una legión de ingenuos, presa fácil para una serie de charlatanes y oportunistas que vemos anunciados frecuentemente en los medios de comunicación, y otros que no se anuncian, pero que atraen a los incautos.

No aceptes sugerencias desarmonizadoras, descorazonadoras o que tiendan a causar temor o enfermedad.

Veamos este caso hipotético. Una persona cree que otra le puede o le hace mal de ojo. Quien realmente se está haciendo daño es la persona que cree en él, porque manteniendo esa idea fija en su mente está reforzándola, energetizandola durante veinticuatro horas diarias. Primero ha creado un egrégor y luego se ha encargado de cebarlo, tal como se hace con los cochinos (puercos, marranos, cerdos). Se los alimenta de tal manera, cada día crecen y engordan más. (Egrégor es un ser etérico que puede crear nuestra mente).

Igualmente sucede con la gente que se está imaginando cosas. La mente humana es muy sensible porque el cerebro no distingue entre situaciones reales y ficticias. Prueba de éllo es que en una comedia o en determinada escena, ante tanto dolor emocional de parte nuestra por una situación simulada, ordena las lágrimas, arritmias, angustia, temor, terror, etc.

Lo mismo pasa en los sueños donde en un desenlace apurado lanzamos grandes descargas de adrenalina, sudamos, jadeamos, nos dan palpitaciones y hasta lloramos. Incluso un sueño triste puede afectar nuestro estado emocional del día siguiente.

Es necesario que tomes consciencia de que tu mente puede ser impresionada igual que un rollo de película, tanto por una emoción negativa como por una positiva. La mente humana le gana en rapidez a cualquier computadora. Puede ver, sospechar, sopesar, calcular, decidir ante un gesto y además es más precisa.

Para facilitar el trabajo de la Mente Divina en tus peticiones y necesidades, mantén tu mente limpia y sin obstrucciones.

Quien está acostumbrado a ver permanentemente el lado negativo y tenebroso de las cosas siempre lo está encontrando. Eso es envenenamiento mental y es muy peligroso porque afecta nuestra salud en los diversos cuerpos: mental, físico, espiritual, emocional, astral, etc. Tienes que aprender a utilizar esos mismos poderes y mecanismos en todo lo contrario: en ver, encontrar, adivinar lo positivo, lo bueno, lo feliz, lo tierno, lo poético, etc.

Utiliza todas las habilidades mentales en obtener y enviar ideas puras, limpias, buenas, constructivas, órdenes o decretos que ayuden a cambiar tu propia vida para mejorar tú mismo y tu entorno con el fin de crear circunstancias que te sirvan y sirvan a los demás. Estos poderes no solamente los puedes emplear en tu propio beneficio. También puedes favorecer a otras personas. Trata de ayudar a los demás, no solamente con cosas materiales sino emocionales y mentales.

A alguien que es impaciente, envíale paciencia, armonía y tranquilidad. A quien sufre, mándale los bálsamos adecuados a su dolor, ya sea consuelo, esperanza, salud, paciencia, amor, alivio, etc.

Muchas veces el envenenamiento mental no es más que la intolerancia. El fanatismo es lo mismo que la obcecación, la severidad y la rigidez: un producto de la falta de amor y la posesión de mucha vanidad. Porque todos queremos imponer nuestras ideas, cuando una persona no comulga con nuestras creencias, las rechazamos, no nos gusta y lo que es peor, la atacamos.

No puedes dejarte impresionar por personas que dicen que pueden hacer este u otro mal. Si así fuera, no habría presidente de los Estados Unidos ni de cualquier país en la Tierra que durara un minuto vivo. Imagínate la cantidad de enemigos internos y externos que tiene quien ocupa ese cargo. Recuerda todos los atentados y asesinatos de presidentes y gobernantes que ha habido, sin contar los que se han frustrado.

Si se pudiera hacer brujería, sería más sencillo contratar al mejor brujo. Así no tendrían problemas como el de que pueden atrapar al asesino y va a decir quien lo envió, o de lo difícil que es acercarse al presidente, gobernante o político para matarlo. Pagarían por una brujería y ya está. Cadaffi, en lugar de bombardeos en su palacio, hubiera recibido por telepatía, o como fuera, los efectos de un brujo o una bruja y hubiera dejado de ser problema para los Estados Unidos. El mismo Fidel Castro, a quien supuestamente ciertos organismos y países han mandado gente a que lo mate sin lograr sus objetivos; por el contrario: quedando los autores intelectuales muy mal parados, hubiera podido ser exterminado de una manera "limpia" a través de un brujo.

Si los "brujos" tuvieran el poder de convertir en ranas o cucarachas o zombies a las personas, todos los famosos, los jefes de gobierno, los políticos, los artistas, etc, estarían corriendo el grave peligro de terminar siendo integrantes de esa fauna.

Y ¿qué me dices de las fatídicas cartas de cadena o para que sigan en cadena, donde le ofrecen al pobre infeliz que la recibe una serie de desgracias si no continúa enviando esta desdichada carta a otras personas? Tengo un familiar que resolvió el asunto muy fácil: según las instrucciones, tenía que mandar tres copias de la carta porque de lo contrario, todas las maldiciones apocalípticas le iban a caer encima. Le remitió una al presidente de los Estados Unidos, otra al de Francia y otra al de Rusia y según sus propias palabras, allí terminaría esa cadena.

Recuerdo cuando era muy pequeña que alguien metió por debajo de la puerta de nuestra casa una misiva de ese calibre. Yo me asusté cuando mis padres comentaron sobre el contenido. Lo que me extraña es que haya todavía gente que hace ese tipo de bromas: jugar con la credulidad de la gente.

Es absurdo que haya quien crea que un santo o sea un ser que ha alcanzado la categoría de maestro en la Jerarquía Espiritual, un ser que ha llegado a esa posición precisamente por la observancia del amor incondicional y por ende la caridad y la comprensión, obligue a los mortales a rezarle porque de lo contrario nos castiga con las peores desgracias.

Hace pocos días recibí una de esas desagradables cartas y por supuesto, no pude suprimir mi gesto de desagrado y pensar que hay gente que por ingenua se presta a servir de aliado o de emisario o de bobo útil a esa clase de cosas absurdas. Inmediatamente sin comentarios, la boté a la basura.

Eso es lo que tú debes hacer en lugar de seguirle el juego a quien la puso en circulación y causarle problemas y angustias a tres personas que tú conoces. Cancela mentalmente todo lo que dice ese escrito; envuélvelo en amor y al cesto de la basura con ese papel mientras, lleno de satisfacción, te felicitas porque le estás evitando molestias a muchísimas personas. No son solamente a las tres que envías, sino que cada una que la recibe y es crédula, mandará una copia a otras tres "víctimas" y así progresivamente.

El envenenamiento mental consistiría en que una persona reciba esa clase de cartas y se quede pensando y dándole fuerza al hecho de que si no remite las copias que dice en la misiva, efectivamente va a sufrir esas desdichas. Para no poner ese problema en manos de otras personas, no lo hace pero sigue pensando y pensando en todo lo malo que le va a suceder.

En esos días, el perro del vecino es envenenado e inmediatamente piensa: *¡Una de las desgracias! ¡La próxima voy a ser yo!* Luego, a los dos meses, se le daña la secadora y *¡Ay Dios mío, eso es por no haber cursado las copias!*

Esta persona no está siendo afectada por las desgracias descritas en la carta, sino por sus mismas creencias y la fuerza que les da en su mente. A todo el mundo le sucede que se le muera no solamente el perro del vecino, sino el vecino. Y un familiar, y los padres y el cónyuge y hasta los hijos. Todo el mundo pierde en un determinado momento en los negocios porque no podemos ganarlas todas. A cualquiera le sucede que en un momento dado de su vida, se queda sin empleo. Son eventualidades de la vida, inherentes al hecho de estar vivos, no los malos deseos de otro. A todos nos acontece que en determinado momento de la vida tenemos que enfrentar la muerte de un ser querido.

Tenemos que ser más realistas y no dejarnos envenenar la mente con patrañas como estas. Solamente te llega lo que tú permites que se acerque a ti. Los pensamientos o los deseos de otros, no pueden andar detrás de nosotros persiguiéndonos. No tienen ese poder o capacidad. Tampoco podemos obsesionarnos con ideas fijas que vayan en contra de toda lógica, propias de candidatos para el psiquiatra: "Esta enfermedad no se me va a quitar hasta determinado tiempo o hasta que suceda esto o lo otro".

Influenciados por los patrones mentales que hemos recibido en nuestra infancia, en lugar de racionalizarlos, seguimos pensando en ellos como una realidad. "No abras la ventana porque viene una corriente de aire y te resfrías". Yo tengo una amiga que cada vez que me cuenta que se resfrió por una corriente de aire, me quedo pensando en que cómo es posible que todavía haya gente que cree en eso y además se convence, se da la orden y se enferma.

"No salgas a la lluvia porque te da gripe". Si la lluvia diera gripe, la ducha también.

Rememoro con mucho cariño y placer los ratos pasados bajo la lluvia con mi hermana Nelly. Nosotros nacimos en uno de los lugares más lluviosos del mundo. Recuerdo que al salir de las fiestas, casi siempre estaba lloviendo. Y en lugar de regresar en auto a la casa, algunos de los jóvenes, preferíamos ir caminando bajo la lluvia con los zapatos en la mano, metiéndonos en todos los charcos y parándonos bajo las canales que dejaban caer el agua desde lo alto. (Lugar donde los tejados desembocan el agua, la que por un bajante va a dar a la alcantarilla o a la calle). Y jamás ninguno de los que participó en la aventura amaneció engripado.

O las personas que creen en fetichismos tales como el que un gato negro trae mala suerte. Mi primera infancia la pasé en compañía de Floro, un gato completamente negro que tenía mi papá. Y gracias a mis padres y a Floro, tuve la infancia más normal, armoniosa, alegre y feliz que pueda tener cualquier niño.

Mientras Floro estuvo con nosotros, no se murió nadie, nadie perdió el empleo, nadie se enfermó, no se divorciaron mis padres, no sucedió ninguna catástrofe ni desgracia. Si nos pusiéramos a buscar alguna calamidad por pequeña que fuera para atribuírsela a Floro, nos encontraríamos ante una misión imposible.

Floro me dió fortaleza y seguridad para no creer en patrañas. He pasado por debajo de miles de escaleras y nunca me ha caído encima un pote de pintura. Es más ni siquiera una gota. He derramado sal, quebrado espejos y mi vida ha seguido normal como la de cualquier hijo de vecino que le va bien porque es optimista.

Hay otro tipo de envenenamiento mental: la gente que cree en fetiches que dan suerte. Eso se llama sotería. "Este amuleto me va a dar buena suerte" y, si por algún motivo, se le olvida llevarlo consigo o lo pierde, se convence de que le irá mal e inconscientemente anda buscando —atrayendo— lo negativo hasta que le sucede. Entonces con voz de triunfo exclama: "!Yo lo sabía. Esto me iba a suceder porque no cargo el amuleto!"

Porque si algo temo, eso me ocurre. Y lo que me atemoriza, eso me sucede.

—Job 4:25

Una prueba científica de lo que vale la autosugestión lo tiene la ciencia médica cuando logran alcanzar muy buenos efectos curativos utilizando placebos. La palabra "placebo" viene del latín y quiere decir complaceré, agradaré. Es el nombre que le dan los médicos al sustituto inocuo de un remedio.

Se administra a un enfermo, reemplazando así y haciéndole creer que es la misma medicina o una nueva, obteniendo en esta forma la sanación por efectos sugestivos, en lugar de curativos.

Es bueno, querido amigo, que si este es tu caso, lo analices bien y rompas de una vez por todas este yugo. Te liberes de las cadenas y puedas vivir de ahora en adelante tu propia vida como a ti te plazca, no como le provoque a tus enemigos.

Preocúpate por tu salud mental, física y espiritual. Duerme bien, aliméntate balanceado y haz suficiente ejercicio físico. No hagas daño a nadie y manténte entonado con Dios. Serás feliz, sano y armonioso.

Así como hacemos higiene corporal, también debemos hacer higiene mental.

Te sugiero el siguiente decreto tomado de la Biblia para cuando estés temeroso:

No temeré la maldad, pues Tú, Señor, estás conmigo.

Otro tipo de envenenamiento mental es el que sufren aquellas gentes que tienen por vocación el martirio. Hay personas que nacieron para sentirse mártires. Ellas son las pobrecitas —las sacrificadas— y lo peor es que con esta historia, amargan la vida a los demás de su entorno. Vivir con un mártir es vivir un verdadero martirio.

Son seres que tienen vocación de sufrimiento. Anhelo de sufrimiento, deleite en el sufrimiento porque creen que así llaman la atención.

Se sienten importantes porque se distinguen, se diferencian de las demás. Es posible que así se sientan más buenos y, por lo tanto, más dignos de premiación en la otra vida.

Desconocen que el premio no corresponde al sufrimiento sino a la forma en que actuemos ante el sufrimiento y por las obras buenas que hagamos con lo que se nos "presta" para disfrutar mientras estemos aquí. Es prestado porque de lo contrario, podríamos llevárnoslo y de paso, evitar una cantidad de peleas entre los herederos. A estos mártires por vocación se les puede aplicar lo que dice el Eclesiastés:

Para el afligido, todos los días son malos.

Todas las desdichas del hombre provienen de que no es capaz de estar sentado solo, tranquilamente en una habitación.

— *Blas de Pascal*
1623-1662

capítulo quince

Importancia de la meditación

Nunca se podrá hacer el énfasis necesario sobre la importancia de la meditación. La manera más fácil de armonizarnos es a través de la meditación y la oración. En esta forma desarrollamos nuestro entendimiento y desenvolvimiento espiritual porque al estar en constante contacto con estas fuerzas del espíritu, nos será más fácil sentirlas, entenderlas, asimilarlas, e incluso amarlas.

No existe un método correcto o equivocado de meditar.

Todos conducen a lo mismo: a estar solo en tu interior para encontrar en ese espacio que hay dentro de ti, los mensajes del universo íntegramente completos. Entre los diversos métodos de meditar que te lleguen, ensaya cuál es el que más te agrada, o simplemente cambia de acuerdo a cómo te sientas en el momento en que lo vas a hacer.

No cargues las tensiones sobre tus hombros. Aprende a eliminarlas.

La meditación es el logro de un estado de consciencia, en la que el individuo alcanza a disminuir el ritmo cerebral. Ya veremos en próximos capítulos que esto permite obtener ciertos estados mentales y espirituales.

Para lograr acallar la mente y el espíritu, se comienza dando placidez al cuerpo. Esto es, poniéndolo en reposo, en descanso, en paz. Aunque hay algunas técnicas de relajación que se inician en la cabeza, la mayoría prefiere empezar por los pies. Esto es, de lo más denso, a lo más sutil. De lo terreno, a lo etérico. Lo primero que se trata de acompasar, es la respiración. Cuando es agitada y sin ritmo, el individuo no puede estar tranquilo ni sentirse completamente sosegado. Luego de que se va armonizando el cuerpo, es más fácil concordar la mente.

Para hacer una excelente meditación, sigue los siguientes pasos: Búscate un lugar apacible donde estés seguro que nadie te va a interrumpir. La privacidad es esencial. Sin este primer requisito no puedes hacer nada. Desconecta el teléfono, o colócalo de tal manera que no puedas oír el timbre. Organiza el clima en la habitación de forma que no sea ni muy frío, ni muy caliente, para que no te incomode. Puedes meditar sentado o acostado. Es preferible la primera posición, porque cuando uno está yacente, tiende a quedarse dormido.

Al menos inicialmente, trata de hacer la meditación en el mismo lugar, a fin de energetizarlo y de que tú te acostumbres. (Alcanzada la maestría, podrás meditar o relajarte en el autobús, en el baño de la oficina, en el ascensor, etc.) Puedes poner incienso si deseas y una música suave. Que no sea estridente porque te intranquiliza. La melodía suave, relaja y calma.

Si estás sentado, coloca mucha atención en la posición de la cabeza, a fin de que no te dé tortícolis o te moleste el cuello o la nuca. Debes mantener la espalda muy recta y la cabeza ligerísimamente inclinada hacia adelante, la barbilla baja, como si enclavaras la cabeza en la columna.

Para lograr mayor concentración, entreabre la boca un poquito, voltea la lengua ligeramente hacia atrás y sitúas la punta sobre el paladar. Cierras los ojos y cerrados, los volteas hacia el tercer ojo (centro de la frente). Luego, comienzas a tomar consciencia de tu respiración. Si conoces el método yoga, lo practicas. Si no lo sabes, haces de la siguiente forma: inspiras profunda y lentamente, retienes un poquito y botas suavemente. Sostienes durante unos segundos, y vuelves a inhalar.

Que esto no te represente ningún esfuerzo y sin que quedes como la gente cuando sale de bucear sin haber usado tanque de oxígeno, que ya parece que fuera a explotar. Sigues respirando pausadamente. Cuando estés acostumbrado, cada vez cuentas cuatro. Tomas aire mientras cuentas cuatro, no espiras y te mantienes contando la misma cantidad; botas el aire y repites el contaje. Vuelves a empezar. En tanto que estés ocupado haciéndolo, la mente no se te podrá ir para ninguna parte. Te demoras lo que te provoque.

Esta respiración pausada hará que poco a poco la cadencia cerebral, la cardíaca y el pulso, vayan disminuyendo. En esta forma comienzas a desacelerarte. Luego, visualizas o piensas en las extremidades inferiores. Le das órdenes a los dedos para que estén relajados, tranquilos, armónicos, sin tensión y así vas subiendo por cada parte del pie, el tobillo, la pantorrilla, la rodilla, los muslos, los glúteos, las caderas, la base de la columna, visualizas que todas las vértebras están en su posición correcta, que los nervios que pasan por el centro de las espina dorsal, se encuentran completamente perfectos y armónicos, que todos los músculos de la espalda están totalmente relajados y fortalecidos.

Llegas a la zona del cuello y hombros, lugar donde la mayoría acostumbramos a enviar nuestras tensiones y te demoras allí el tiempo que creas necesario, dando lenitivo a este lugar. Puedes imaginar que alguien te da masajes bien profundos, trata de sentirlos, intensos, muy agradables, siente la sensación de alivio. Después de haber botado la tirantez de la nuca, hombros y cuello, empiezas a relajar los brazos, los antebrazos, las muñecas, las manos y los dedos de las manos; luego, pasas al pecho, al estómago, abdomen, zona púbica, órganos genitales.

Entonces dices: de mi cuello para abajo, todo está armonizado, tranquilo, sereno sin tensiones. Sigues con la cabeza, luego la garganta, la boca, las mejillas, los párpados, las cejas, la frente y el cuero cabelludo. Ya estás completamente relajado, listo para empezar la meditación.

Es muy importante darnos cuenta que nuestra mente solamente puede retener y prestar atención a un pensamiento a la vez. Esto es diferente a que bien entrenada, pueda pasar en cuestión de una infinitésima de segundo, de un pensamiento a otro, como hacen los ejecutivos bancarios, los que siempre admiro cuando tengo la oportunidad de hablar con uno de ellos en el apogeo de su trabajo.

Están conversando conmigo, explicándome algo muy difícil e intrincado de entender, a lo que le tienen que poner toda la atención, mientras les suenan siete teléfonos y los van atendiendo uno a uno, piden informes a otras personas, consultan en la computadora, atienden otro teléfono, firman unos cheques, aprueban un balance, deciden si dan un sobregiro, etc., y no se vuelven locos ni pierden la calma.

Mentes como la mía y la tuya no están entrenadas para eso. Por tal motivo, cuando vayas a meditar, decreta o determina que esa meditación es para un propósito específico. En esta forma no estás con la preocupación de lo que ahora viene, que tienes que cambiar, etc. Porque una mente bancaria no está sosegada: está a todo vapor.

Decidiste que vas a hacer una meditación para entonarte con el Cósmico, quédate allí. Esta es la meditación mejor de todas, porque te sucede como la historia de Salomón. Cuando Dios le dijo que le pidiera algo, Salomón únicamente quiso sabiduría para dirigir a su pueblo. Dios le dio *todo*.

Igualmente, cuando te entonas con la mente Divina, obtienes *todo*: sabiduría, salud, paz interior, felicidad y, por lo tanto, prosperidad ya que la universalidad de tus asuntos se van organizando, entrando en el carril como por arte de magia. Claro está que esto no sucede de un momento para otro, sino después de haber estado meditando con mucho éxito por lo menos de un mes a tres meses. (Es como cuando vas a un gimnasio y pretendes quitarte la barriguita en una sesión. Eso depende del tamaño del frente abdominal que tengas y de la cantidad de ejercicio y esfuerzo que hagas).

Luego de que has pasado un determinado tiempo en esta mágica comunión, sales después de haberte ordenado lo maravilloso que te vas a sentir: saludable, en paz, armonía, disminuyendo un defecto de tu carácter. Por ejemplo: eres irascible; te ves y te siempre tranquilo, dulce y pacífico.

Esfuérzate por pasar algunos minutos de cada día en meditación silenciosa sobre aspectos de tu vida psíquica e interior. Eso será un perenne recordatorio de que dentro de ti hay un ser etérico que se alimenta de Dios. Así como das importancia a la presencia física, también deberías darla a la apariencia, presentación, salud y demás cuidados de la parte espiritual

Meditando podemos controlar varias funciones de nuestro cuerpo y de nuestra mente, incluso disminuir el ritmo cardíaco, la tensión arterial y el colesterol. En meditación profunda escucha con mucho amor los latidos de tu corazón. Dile que lo amas y siéntelo así. Pídele que lata más lento, más lento y acompasado, más despacio y rítmico.

Dedica tiempo a escuchar cómo va espaciando los latidos. Igualmente, con calma puedes dar órdenes para que la tensión disminuya y, en otras relajaciones, para que bajen los niveles de colesterol en tu sangre así como también sanar cualquier alteración de salud de tu cuerpo sin olvidarte de visitar al médico.

La relajación es el mejor medio para preservar la energía física de nuestro cuerpo.

Al relajar el cuerpo, es como si estuviéramos invernando. La armonía se restablece en todas las células y comienza un proceso de regeneración celular que se traduce en paz espiritual, sosiego, reposo y perfección en todos nuestros órganos.

Si tienes problemas de salud, medita mucho dando órdenes para que se normalice, armonice, sane esa parte aparentemente enferma. Es imprescindible que ordenes que el origen o causa va disminuyendo. No te centres en los síntomas. Por ejemplo: tengo dolor de cabeza, me lo quito. *¡No!* En lugar de eso, vas a decretar: "Tengo dolor de cabeza; los motivos u orígenes de este dolor van a desaparecer".

Igualmente si deseas solucionar un problema de otra índole: adición al licor o al cigarrillo, tu hijo no estudia, tu pareja bebe mucho o es jugador(a). Visualizas que esos defectos desaparecen y luego das gracias al Cósmico porque te lo ha concedido. Así como lo lees: *concedido*. Esto es en pasado. Ya fue concedido, ya es, ya existe. Así es como se pide y se decreta.

Si deseas armonizar tus chakras luego de relajarte, pasas a hacerlo con cualquiera de los ejercicios que doy más adelante. Hay dos factores fundamentales en la meditación: aprender a relajarse y a visualizar. Hay gente que me dice que no puede meditar. En esto influyen dos aspectos: la persona no sabe relajarse y/o no ha aprendió a dejar los pensamientos no correspondientes afuera. Porque para relajarse, hay que dejar todas las preocupaciones en el exterior.

A quienes asisten a mis talleres yo les digo que si están preocupados por sus preocupaciones, no se preocupen que ellas solas no se escapan ni nadie las va a robar. Las pueden dejar afuera del salón donde estamos y las recogen al salir. Al igual que vemos en las películas del Oeste, el cowboy, cuando llega a la cantina, amarra su caballo a una baranda que hay en la calle y cuando sale, lo suelta y se marcha con él. Las preocupaciones están tan bien amaestradas que no se van. Allí estarán esperando por su fiel dueño. Porque en esto, el que es fiel es el preocupado. Cuando empieces a meditar, gentilmente rechazas, dejas ir de tu mente, toda preocupación e incluso cualquier pensamiento ajeno. Eso no es fácil, especialmente al principio, y pasan muchos años y sigue uno despidiendo imágenes intrusas en la meditación. Es cuestión de proponérselo de disciplina. Tenemos que disciplinar incluso la mente.

También están los que no puede relajarse. Son individuos muy tensos. Cuando nos ponemos muy rígidos, todo nos duele porque obligamos a los músculos a sostener durante horas y horas, días y días, meses y aún años, posiciones forzadas donde son tensados. Permanentemente hacen fuerza y resistencia, no teniendo un segundo de descanso.

Llega un momento en que el músculo se resiente provocando agudos dolores e inflamaciones. Así que, tenemos que aprender a soltarnos. Inclusive, los deportistas saben muy bien que cuando los músculos están tensos, en una caída o golpe, corren el peligro de romperse los huesos. Fíjate qué importante es saber relajar los músculos. Hay personas tratando de meditar cual rieles de ferrocarril sobre sus sillas. Si están acostados, parecen cabillas de hierro ligeramente arqueadas en el centro. Por supuesto que no pueden así relajarse. Si perteneces a este grupo, dedícate a estarte vigilando. Yo tuve una época en que forzaba un hombro levantándolo permanentemente. A menudo notaba esta posición cuando pasaba por un espejo, sin cambiar de posición, volteaba a mirarme. Me cazaba con el hombro alzado hasta que dejé esa mala costumbre. *¡Cuántos dolores me he evitado desde entonces!*

Recuerdo en un taller llamado "Comunicación con los Ángeles", que antes de un descanso pregunté a los asistentes (unos ciento veinte) cuántos no habían podido hacer la meditación con resultados óptimos para durante esa pausa, quedarme con ellos y ayudarlos directamente. Eran cinco más o menos, entre los cuales estaba una pobre señora cercana a los setenta por su apariencia física. Esta dama tenía unos senos voluminosos —gigantescos— que le habían doblado la columna vertebral y causado profundos surcos en los hombros provocados por años de tener allí tiras (cintas) del sostén, ayudando a cargar tremendo peso. Es lógico que esta matrona con ese problema tuviera dificultad en relajarse. La ayudé con hipnosis. Pero si ese no es tu caso, no tienes porque perderte los beneficios que traen para tu salud mental emocional, espiritual y física, la relajación y la meditación.

Si tienes problemas en conseguir la relajación, prepárate, prográmate mentalmente. En la noche cuando te vayas a acostar, piensas y te ordenas: durante el sueño de esta noche, el más plácido de mi vida, dormiré profundamente porque voy a perder, eliminar y botar todas las tensiones.

Todos mis músculos, sistemas y órganos, estarán armoniosamente relajados, distendidos, sin rigidez, en paz y saludables. Esto hará que al despertarme me encuentre mucho mejor de salud, más relajado, cero tensiones. Y así estaré todo el día y todos los días. En la mañana apenas te despiertes, aunque no te sientas así porque se te olvidó programarte, das gracias a Dios porque estás relajado, distensionado, armonioso en todos tus músculos, tendones, ligamentos, órganos y sistemas.

Hasta la partícula más ínfima del átomo más pequeño, de la célula más mínima, está relajada y sin tensión en armonía y paz. Y así pasarás todo el resto del día y de tus días.

Durante las próximas horas, cada vez que te acuerdes, dices: "Sin tensión, sin tensión, sin tensión. Estoy completamente relajado y en paz. Armonioso y tranquilo. Cuando vaya a meditar, la relajación que voy a alcanzar en todo mi cuerpo será de película, de maravilla, (pones aquí todos los superlativos que desees)". Si así lo practicas, verás que te vas a sentir tan bien como nunca.

Luego de experimentarlo por un tiempo, te vas a preguntar: ¿Cómo es posible que haya podido vivir hasta ahora, sin sentirme tan a gusto? En la meditación cada parte de nuestro organismo se va integrando a nuestra fuente de consciencia o de mando y por lo tanto se crea armonía en nuestra salud física, mental, espiritual y emocional.

El tercer problema es la visualización. Hay gente que es incapaz de visualizar. Este tema merece un capítulo aparte.

Los hombres débiles creen en el destino y en el azar. Los hombres fuertes creen en las causas y los efectos.

— *Henry Ford*

1/23   1/16
149·2   145·6
23·4   22·8
32 5   32·1
29·1   28·9
1423   1403
30   34
5   5

e a

zar

mente es importante para
nte lo que deseas mejorar
s, sino en la vida en gene-
oy escribiendo este libro,
rmaciones en mi casa.

maestrada" para visualizar,
me enseñen fotografías de
a decoradas o terminadas o
una piedra y puedo hacer
a una pared completamente

a con esta destreza. Hay una
transformado sopotocientas
eliminada y vuelta a levantar
para que las plantas que hay

131

detrás reciban más aire, con bloques de vidrio transparente e intercalados por la misma causa que expliqué, revestida con esta piedra, con aquella, con la azul, con la marrón, pintada de azul, de amarillo, blanca, el contraste que hace con la pared del lado, etc.

Cuando me di cuenta de lo que era capaz de hacer, me quedé abismada. El caso es que tuve una gran exposición decorativa mental donde elegir inclusive hasta las tonalidades. Luego voy a un almacén donde preparan pinturas y mezclamos colores hasta que damos con lo que tengo en mi mente. ¿No es espectacular? Eso mismo y más lo puedes lograr.

Esfuérzate planeando cosas hermosas para los más desafortunados. En poco tiempo lograrás cambios hermosos en tu vida.

Para que aprendas a visualizar te recomiendo las siguientes prácticas:

Ejercicio número 1

Ponte a recordar películas que has visto recientemente. La próxima vez que veas una película, hazlo conscientemente de que vas a recordar los detalles.

Después te pones con otra persona a rememorarlos. En esa escena cómo estaba vestida la protagonista. Todos los detalles del traje. Y el de él; la calle donde estaban. O la casa, o el salón, todo lo que más puedas. Este es un ejercicio de memorización excelente y contribuye a mantener el cerebro y la memoria en buen estado, además de que te ayuda en la visualización.

Una vez dominada esta técnica, con otra persona vas a lugares distintos, por ejemplo una calle. La ves detenidamente y luego con los ojos cerrados se la describes. Esto es fácil. Más difícil es hacer el siguiente ejercicio, el preferido por mi esposo y por mí.

Ejercicio número 2

En un bar o estantería de un supermercado bien surtida, te sitúas frente a toda esa variapinta cantidad de licores, copas y adornos propios de ese lugar. Miras detenidamente una pared, un rincón o un estante y luego con los ojos cerrados retienes esa imagen en tu mente y comienzas a decir lo que ves mentalmente (recuerdas haber visto o estás visualizando basado en el recuerdo de lo que viste con los ojos físicos).

Tienes que decir cosas como esta: "En el estante del medio, de derecha a izquierda: primero una botella de whiski de tal marca y de tal forma. Siguiendo en la misma dirección, hay una botella con un líquido azul que contiene licor de...y su marca es tal, después una botella estrecha en el cuello y ancha en el centro conteniendo brandy de marca tal....Después de los tarros de leche color tal, marca cual, están...".

Ejercicio número 3

Esto es muy bueno para practicar la visualización. Empieza a recordar tu casa (o simplemente la sala de tu hogar), haciendo una descripción completa de lo que hay en ella. Cierra los ojos y fíjate en la entrada, todos los detalles de la puerta y la pared adyacente. Entra mentalmente a tu vivienda y describe cada centímetro de las paredes, pisos y escaleras.

Claro está que visualizar minuciosamente toda la casa y en especial si es grande, no se puede lograr en un solo ejercicio porque te tomaría mucho tiempo. Pero sí puedes hacerlo parcialmente, a menos que se trate de un apartamento tipo estudio. Otra opción es experimentar esta práctica recordando tu lugar de trabajo o cualquier otro sitio que quieras: la universidad, el salón de clases, el barco donde hiciste un crucero, el apartamento de tu mamá, etc.

Si estás en esto con otra persona, puede ser un motivo más de diversión y de unión. También es una forma de aprovechar el tiempo en un viaje largo, siempre y cuando no seas tú el conductor. Tranquilamente lo ejecutas si vas en un autobús, en el metro, en el tren, avión, etc.

Ejercicio número 4

Esta rutina corresponde a un paso más avanzado. Te enseña a crear: Haces una relajación corta. Luego comienzas a visualizar cosas sencillas como un lápiz. Detállalo bien. La punta, su color, el cuerpo, donde se encuentra la goma de borrar, la banda que la fija, la marca del lápiz, etc. Más tarde comienza a cambiar mentalmente de lápiz. Es un lápiz de grafito, luego de colores, ahora es rojo, después amarillo y así sigues hasta el infinito. Cambias de imagen cuando lo tengas bien definido. Puedes pasar a una pluma fuente, etc.

Ahora vamos a una rosa. Visualiza la rosa. ¿De qué color es? Ya está bien clara la imagen es el momento de cambiarle el color y la forma. Conviértela en un botón o en una rosa silvestre, etc. Sobre todo, juega con lo de variarle el color.

Cuando hayas podido ver completamente bien lo enunciado en estos ejercicios, serás un campeón y estarás preparado para retratar en tu mente lo que te provoque. Visualizar es ver en la imaginación.

En esta forma, podrás percibirte como quieras o colocar una situación mental como a ti te provoque y así, de tanto visualizarla, llegará a convertirse en una realidad.

Eso es lo que hacen los ingenieros, arquitectos, paisajistas, decoradores, dibujantes, creativos publicitarios, etc. Primero ven con la imaginación, luego plasman en un papel y después en la realidad física. Así trabaja la Mente Divina y la mente humana: primero una idea, segundo una realidad.

Cada vez que tú visualizas algo estás empleando los poderes creativos de tu mente y conciencia. Al hacer estos ejercicios estás reafirmando tu potestad o aprendiendo a utilizarla. Las personas negadas a la visualización están incapacitadas de servirse de su cualidad creativa, la facultad creativa de su Divinidad.

Por esto es muy importante aprender a usar este dominio. Es como el águila: mientras no aprenda a volar, no sabrá comprender lo maravilloso de un vuelo en las alturas. Para lograrlo, tiene que arriesgarse a saltar del nido, ensayando una y otra vez hasta alcanzar la maestría.

Dios es mi salud. No temeré porque mi fortaleza y mi canción es Jehová, el cual ha sido vitalidad para mí.

— *Jeremías 12:2*

capítulo diecisiete

Los chakras

La palabra *chakra* es de origen sánscrito y quiere decir rueda. Se denominan chakras, ciertos centros energéticos que tenemos en distintas partes de nuestro cuerpo. Son como centrales repetidoras que toman la energía, la fortalecen con sus transformadores y la mandan repotenciada.

Como te habrás podido dar cuenta, específicamente con la energía eléctrica, ésta se va debilitando entre más largo es el tendido eléctrico. En otras palabras, cuando el cable conductor de la corriente es muy largo, ésta se va debilitando. Por tal motivo vemos que las empresas que prestan este servicio tienen en muchos sitios subestaciones que se encargan de recargar o regenerar esa fuerza eléctrica que luego de ser repotenciada, sale de allí con el voltaje requerido.

Lo mismo pasa con los chakras. Son subestaciones de energía que la adecuan y colocan en condiciones indicadas

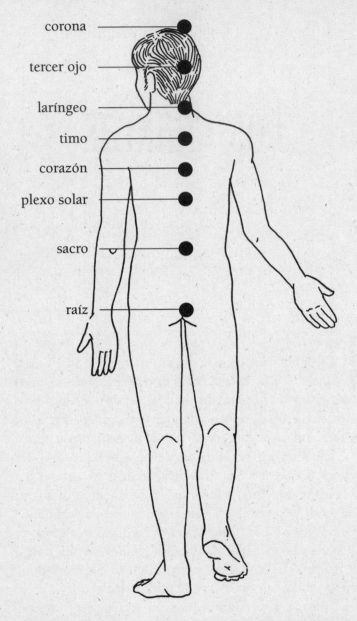

corona

tercer ojo

laríngeo

timo

corazón

plexo solar

sacro

raíz

Cuerpo humano visto de espaldas y las correspondientes posiciones de los chakras o ruedas de energía a lo largo de la columna vertebral.

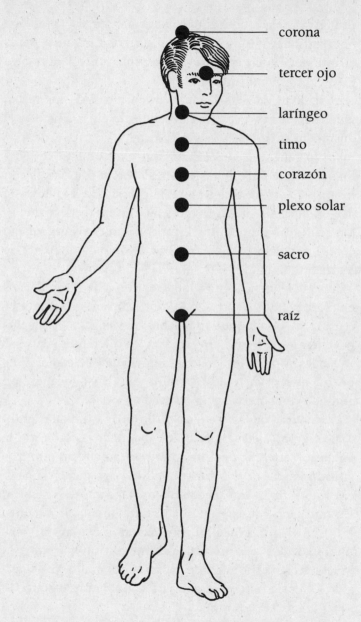

corona

tercer ojo

laríngeo

timo

corazón

plexo solar

sacro

raíz

Posición que ocupan los ocho generadores de energía a lo
largo de la columna vertebral del ser humano.
Aquí se ha incluído el del timo.

para el servicio produce un color particular, así como una nota ajustada y transmite vigor a ciertos órganos. Cada chakra tiene su propio ritmo. Ese ritmo o nivel vibratorio le son correspondientes.

De igual manera, son puertas o conductos de energía en muchos casos entre esa parte de nuestro cuerpo físico y el mismo lugar en nuestro cuerpo astral.

Por lo general y con el fin de que el estudio de los chakras no sea tan difícil y extenso, solamente se trabaja con los principales, o sea los que están alineados a lo largo de la columna vertebral. Los otros puntos energéticos que se encuentran en diferentes lugares de nuestro organismo como, por ejemplo las palmas de las manos, la punta de los dedos, la muñeca, etc., son llamados *vitris*.

Tenemos muchos sitios donde converge la energía. Esos emplazamientos claves son los que utilizan los acupunturistas para desbloquear o armonizar y lograr así efectos beneficiosos para nuestra salud en los diferentes cuerpos.

Puedes estudiar los chakras al inicio de este capítulo. Es bueno que primero estés seguro sobre su localización antes de comenzar a hacer las meditaciones.

La mayoría de las escuelas o filosofías orientales enseñan que hay siete importantes chakras a lo largo de la columna vertebral. Pero hay otras que adicionan otro más situado entre el del corazón y el de la garganta llamado chakra del timo. Yo particularmente creo en su existencia. He trabajado con él y en él con muy buenos resultados. Por eso te lo recomiendo. Además, este chakra produce un estado de paz profunda e indescriptible. Provoca mucha ternura y armonía, y eso es lo que millones de personas en este mundo andan buscando afanosamente sin saber dónde encontrarla.

Para mantener la salud de todo el cuerpo en balance y armonía, debes tener los chakras funcionando perfectamente. Cuando alguno de ellos gira a mayor o menor velocidad de lo que le corresponde, afectará los órganos, sistemas o emociones que rige. Hay quienes se atreven a decir que por determinada cantidad de dinero, te abren los chakras. Los chakras no se abren porque ya están abiertos. Se fortalecen o se armonizan. Si estuvieran cerrados, la persona estaría muerta.

Voy a comenzar a describirlos empezando por el que está más abajo. Se llama chakra de la raíz. También se le llama del coxis por ser vecino de esta vértebra. La acción de energetizar estas ruedas energéticas se puede hacer por el frente o por la espalda. Es igual por cuanto ellos están, como dije antes, alineados a lo largo de la columna vertebral y en la mitad entre pecho y espalda, exceptuando el tercer ojo y la coronilla o corona.

Chakra del coxis o raíz

Ubicado en la base de la columna vertebral, se conecta con las suprarrenales donde se produce la adrenalina. Es también llamado el chakra de la supervivencia. Bajo su influencia se encuentran los elementos sólidos del organismo: uñas, dientes y huesos. Cuando está bien calibrado produce sensación de seguridad, bienestar emocional, armonización con el planeta y la naturaleza. Desarrolla el sentido del olfato.

Su relación es con las notas graves de la tuba y el contrabajo. (Las notas más bajas o graves se producen con vibración más lenta).

La glándula suprarrenal en los fetos es de diez a veinte veces mayor que en los seres humanos adultos. Esto quiere decir que en lugar de ir evolucionando, involuciona.

Las suprarrenales se hallan por lo tanto muy involucradas con el crecimiento y por ende con la juventud. Ha sido comprobado que los fetos que no tienen cerebro o sistema nervioso cerebral no poseen estas glándulas. Para que las suprarrenales continúen a lo largo de tu vida sin degenerar, debes fortalecerlas a través del chakra del coxis o raíz.

La Quabbalá (Cábala), el libro que contiene la sabiduría hermética de los hebreos y de donde se han adquirido muchísimos conocimientos para integrarlos a movimientos esotéricos posteriores, da mucha importancia a la fuerza llamada Cundalini como centro de despegue hacia la evolución espiritual. Es representado como una serpiente. La serpiente para ellos es sinónimo de salud.

Es posible que de allí derive el que haya sido tomada como emblema de la medicina. En este chakra se cimenta la supervivencia humana. El instinto de vivir, de reproducir y de proteger a los congéneres: los padres a los hijos, los adultos a los niños, los adultos a los ancianos, el cuidado a los enfermos, etc.

Chakra del sacro

Se haya paralelo a la columna vertebral a la altura del hueso sacro de donde toma su nombre. De frente, lo podemos ubicar tres a cinco centímetros por debajo del ombligo. Está relacionado con los órganos de la reproducción y excreción.

Siendo su elemento agua, está muy ligado a los líquidos del cuerpo: lágrimas, sangre, orina, sudor y semen.

Cuando no está suficientemente activado, puede producir enfermedades de aridez o resecamiento tales como artritis. Igualmente perturbaciones en los órganos que rige. Gobierna sobre el sentido del gusto, la creatividad y la sensualidad. Al desarrollarse, entre otras cosas, acrecienta los sentidos psíquicos.

Chakra del plexo solar

Se encuentra alineado paralelamente con la columna vertebral en la zona llamada plexo solar. Por delante es localizable en la parte media entre la cintura y el corazón. Esta zona es tan importante desde el punto de vista médico, que se le dio el nombre de plexo solar. Quiere decir "conjunción de gran magnitud". En latín, *plexo* significa entrelazado o entrecruzamiento. En anatomía se entiende como un entrecruzamiento importante de venas y nervios.

Este plexo está compuesto por un extenso entrecruzamiento de las ramas eferentes de los ganglios simpáticos, constituyendo numerosos plexos secundarios debido a que es una gran terminal nerviosa.

Rige sobre el sentido de la vista. Desarrolla el poder de realizaciones, de adaptación a las distintas situaciones. Activa también la constancia, la forma de ver el mundo que nos rodea. En otras palabras, nuestro estado de ánimo es influenciado por el chakra del plexo solar.

Cuando la energía está débil en este chakra las personas no asimilan bien los alimentos y pierden vigor físico.

La falta de eficacia y de ánimo se debe al mal funcionamiento de este chakra. Hay que fortalecerlo para que nos dé vibraciones de fuerza vital.

Beneficia al aparato digestivo superior. Desarrolla la sensibilidad para poder comunicarse con la mente de otras personas aún en lugares ajenos a nuestro planeta y a nuestra dimensión. Su elemento es el fuego.

Chakra del corazón

Por la espalda, se localiza sobre el esternón. Por delante, en el centro del pecho, al nivel del corazón. Le corresponden todas las cualidades del amor y la simpatía, de movilidad, equilibrio y gracia en el andar. Gobierna el corazón, los sistemas linfático y circulatorio (recuerda que sistema circulatorio es una cosa y la sangre otra. Por ejemplo: una persona puede tener anemia o leucemia y buena circulación. Otra puede tener problemas de circulación y la composición de su sangre estar perfecta, etc.).

Este chakra desarrolla la compasión y la caridad. Para fortalecerlo, es aconsejable colocar las brazos entrecruzados sobre el centro del pecho con las palmas de las manos abiertas y los dedos extendidos tocando los hombros. Su elemento es el aire; su reino, la humanidad.

Chakra del timo

También se le llama el chakra de la compasión. Mirando de frente, está situado en el punto medio entre el del corazón y el hundimiento que tenemos en la garganta en la base del cuello. Desarrolla la compasión, la paz, la armonización universal y el sentimiento de hermandad.

Cuando este chakra funciona bien, somos felices porque desarrolla la paz profunda, la armonía, la tranquilidad, la comprensión, la caridad, en fin, sentimientos que dan la paz espiritual.

Le corresponde la glándula timo (timus) y el sistema inmunológico. Esto quiere decir que si está trabajando adecuadamente, además de esa gran paz y armonización interior, tendremos una buena salud y no estaremos expuestos a tantos virus que aparecen últimamente con mucha frecuencia.

Este chakra bien concertado desarrolla la telepatía. Le corresponde la conexión con el elemento tierra. El timo es una glándula que crece hasta la pubertad y de allí en adelante comienza a degenerar. Por lo tanto, si fortaleces este chakra, vigorizas el timo y prolongas tu juventud y por ende el buen estado de todo tu cuerpo físico. El timo influye en el crecimiento, especialmente de los huesos largos. La debilidad de esta glándula o su desaparición tiene mucho que ver con la disminución del tamaño de los huesos en las personas ancianas y en la osteoporosis.

Chakra laríngeo

Está alineado paralelamente con la columna vertebral, ubicándose sobre la séptima vértebra. De frente, se localiza en la parte baja del cuello, en la base de la garganta, donde tenemos una hendidura.

Este chakra gobierna la glándula tiroides, las parótidas, la garganta y los oídos y, por lo tanto, sobre la voz, la capacidad de hablar, de expresarse verbalmente.

Desarrolla la clariaudiencia y la percepción extrasensorial del oído. Ayuda definitivamente a la comunicación y despierta la capacidad para discernir la verdad de lo que se oye.

Reino: los ángeles (los mediadores entre la Divinidad y lo terreno). Elemento: el Eter.

Chakra del tercer ojo

Su nombre en sánscrito es *Ajna* que quiere decir mando. Está situado a nivel de la frente, entre las cejas, en lo que llamamos entrecejo. Dos o tres centímetros dentro de la cabeza (tomando la medida desde la frente).

Cuando este chakra está bien armonizado y fuerte, tenemos el dominio de todo nuestro ser inferior. Desarrolla la intuición, las facultades psíquicas, la sabiduría, el discernimiento, la visión en el mundo espiritual y en otros planos. Es la sede de la mente. Gobierna sobre el cerebro y la glándula pineal. Esta es posiblemente la más importante de nuestro organismo porque rige sobre las demás glándulas del cuerpo físico. Reino: los arcángeles.

Chakra de la corona

Está situado en la parte superior de la cabeza. Es la fuente de vibración más elevada y sutil del ser humano. Es el puente a las otras dimensiones del mundo espiritual.

Tanto religiones judeocristianas como las orientales han dado importancia a este centro energético. Las figuras de Buda son representadas con este chakra descollando de su cabeza.

Los judíos se cubren esta parte central del cráneo, habiendo pasando esa costumbre a la iglesia católica, donde es conservada en las personas de mayor jerarquía: el papa, los cardenales, obispos y arzobispos.

Hasta hace pocos años era obligatoria la tonsura en los sacerdotes y seminaristas que estaban por ordenarse. La tonsura es un redondel afeitado en el centro de la cabeza.

En este chakra se encuentra la puerta de comunicación con la Consciencia Cósmica y las notas más agudas, producidas por revoluciones más rápidas. Reino: el Creador.

Todos somos diferentes. Por lo tanto, no podemos obtener resultados iguales, ni ser evaluados con la misma medida.

capítulo dieciocho

Los colores de los chakras

Los colores de los chakras varían de una persona a otra, inclusive en el mismo sujeto porque la velocidad de rotación del punto energético o rueda es la que determina el cromatismo y su intensidad. La energía de los órganos y sistemas que rige también influyen en el color.

A mayor velocidad la coloración se va haciendo más clara hasta llegar a desaparecer dentro de una gran luz blanca. Un ejemplo análogo es el que sucede con los aviones de hélice. Cuando ésta alcanza una gran velocidad, no se ve o todo parece blanco, llegando hasta no observarse nada y pueden distinguirse los objetos que están detrás de la hélice.

Esto nos ratifica que las leyes de la física son también iguales en el mundo inmaterial. Los colores son rayos en los que se descompone la luz. Esto es: de acuerdo a la fre-

acuerdo a la frecuencia vibratoria y energética del rayo, éste irradiará un determinado tinte. Este fenómeno también se puede apreciar en el aura. Las vibraciones emanadas por la salud o falta de salud de los distintos órganos y músculos producen la emisión del color correspondiente. Igualmente sucede con las proyecciones energéticas de los pensamientos y sentimientos de la persona que crean cromatización acorde a la frecuencia de vibración.

Cada chakra tiene un color que se relaciona con él y que le es afín. Al igual que está en consonancia con una nota musical determinada. Pero tanto el uno como el otro, es individual y afectado por las circunstancias antes mencionadas. Por este motivo hay melodías que nos gustan más que otras porque en su conjunto, encierran una mayor cantidad de "nuestras notas" empatibles. Por eso cantar es muy provechoso. Tú posees la escala musical natural dentro de la cual se encuentra tu nota personal, independientemente de que seas afinado o no, tengas bella voz o no.

Esto que te describo lo hemos comprobado en nuestros talleres: luego de trabajar con los chakras, haciendo los ejercicios que aquí menciono, algunos de los asistentes han manifestado ver en ellos mismos colores saliendo de sus centros energéticos. Muchas veces el espectro visto por alguien en determinado punto energético coincide con lo que ven otras personas.

Esto también nos demuestra que debemos trabajar fortaleciendo nuestros chakras para que cada vez sean más luminosos, se acerquen más a la luz blanca del diamante, la luz de la Divinidad. Y por lo tanto incidan en forma radiante y armoniosa en la totalidad de nuestro organismo y en todos nuestros cuerpos sutiles, afinando y alineando nuestras vibraciones con el mundo espiritual.

Si te atreves a hacerlo, tendrás el poder de lograrlo.

— *Proverbio Rosacruz*

capítulo diecinueve

Fortalecimiento de los chakras

Como te decía en lo referente a la meditación, antes de comenzar este ejercicio es necesario que estés familiarizado con la posición que ocupa cada chakra en tu cuerpo físico y así no pierdes concentración mientras indagas. Estas prácticas buscan tu alineamiento vibracional.

Al fortalecer tus chakras estarás en mejores condiciones espirituales para proyectar tu propia luz hacia el mundo sutil y poder ver en él. La oscuridad mental y espiritual la hacemos nosotros mismos.

Por otra parte, un organismo enfermo pierde mucha energía y la que recupera se va tratando de contrarrestar la fuerza negativa y en restablecer la armonía en el órgano resentido.

Estas prácticas te ayudarán a ver claramente una mejoría en tu vida física, espiritual, mental y emocional y así tener mayor capacidad de comprensión y conocimiento sobre tu propia forma de funcionar en todo sentido.

Ejercicio número 1

En un sitio tranquilo, acuéstate sobre tu espalda; si deseas, puedes escuchar música relajante de esa tan bonita que han sacado al mercado y que llaman de la Nueva Era, o la que más te plazca, siempre y cuando sea suave. Respira profundamente como te recomendé en el capítulo dedicado a la relajación.

Cuando te sientas relajado, comienzas a visualizar el primer chakra, empezando de abajo hacia arriba: el del coxis o raíz. Colocas la mano derecha si es la dominante. Si eres zurdo, sitúas la izquierda unos cinco o seis centímetros aproximadamente sobre el cuerpo de manera tal que la mano esté bien suelta y relajada sin tensiones. Unes los tres dedos que conducen más energía —el pulgar, el índice y el medio o del corazón— y empiezas a hacer movimientos suaves de rotación sobre este chakra en la dirección de las manecillas del reloj (figuras 18, 19, y 20).

Esta rotación es casi automática. Si aumenta la velocidad, obedece y hazlo de esa manera. Déjate llevar. Visualiza o piensa que el chakra se está fortaleciendo, mejorando, armonizando, y trata de ver los colores. Si no los captas, no importa; con práctica llegará un día en que lo puedas hacer. Eso no es imprescindible, por lo tanto no te preocupes.

Visualiza y/o piensa en todas las cualidades que este punto de energía te comunica y que efectivamente las estás recibiendo en este momento y continuarás absorbiendo para siempre. Si sufres de alguna molestia relacionada con el mal funcionamiento de este chakra, visualiza, desea, ordena y decreta que se disminuya y desaparezca

Figura 18: Utilizando la mano dominante, sueltas la mano y unes las puntas de los dedos.

Figura 19: Giras la mano totalmente suelta en la dirección de las manecillas del reloj con la intención de limpiar, equilibrar y armonizar estos chakras.

Figura 20: Comienzas por el chakra de la corona y, a través de él, los otros chakras del cuerpo. En esta misma forma se colocan los dedos para fortalecer los otros chakras tanto propios como de otra persona.

porque este punto de energía que rige esa parte de tu cuerpo se está entonando y armoniza todo lo correspondiente.

Retrata en tu mente todas las virtudes y gracias que emanan de esta central energética. Las estás recibiendo. Cuando consideres que es suficiente el movimiento de la mano sobre este centro, lo dejas de hacer, pero puedes continuar meditándolo tal como te lo estoy explicando.

Luego visualizas, ves o imaginas que de la luz que emana esta "rueda eléctrica" sale un rayo que tú diriges hacia más arriba: el chakra del sacro. Allí haces lo mismo que en el anterior. Cuando desees o consideres que puedes pasar al próximo, o sea, al del plexo solar, lo haces en igual forma. Trata de experimentar profundamente los sentimientos sobre los que rigen los chakras. En el del corazón sentir mucho amor, amor incondicional. En el del timo, mucha compasión, paz, armonía, etc.

Así continúas hasta llegar al de la corona. Cuando termines con este chakra, enfocas esa energía que vienes trayendo desde el coxis, hacia Dios y la expandes a fin de que la reciba toda la humanidad para su beneficio.

Siente, visualiza, piensa en todo lo bello y bueno que está sucediendo con la transformación. Retorna la paz, la armonía, se mejora la naturaleza, los enemigos deponen su actitud, etc. Todo lo bueno que tú desees.

Cuando quieras salir de esta meditación, dices: dejo totalmente esto en manos de Dios para su realización. Gracias Padre (o como quieras llamar a esta Gran Energía Universal) porque todo lo que he meditado, o visualizado, o en lo que he trabajado, es una realidad.

Tomas una respiración profunda y abres tus ojos. Si haces este ejercicio con frecuencia, vas a notar una sorprendente mejoría en tu salud y en todas tus cosas.

Ejercicio número 2

Vas a utilizar en cada chakra el sonido del mantra *oum*. Mantra es una palabra de origen sánscrito que quiere decir poder sagrado. Se refiere a una frase compuesta por sílabas o por vocales que al ser pronunciada en determinada forma produce efectos espirituales, anímicos y físicos verdaderamente maravillosos.

Tanto los budistas chinos como los mahometanos tienen mantram (mantram es el singular de mantra) para muchas ocasiones: para las cosechas, para alejar malos espíritus, para atraer a los ángeles, para invocar a los Maestros de la Jerarquía Espiritual, etc., inclusive hasta para que llueva. Esto indica en este caso que no es solamente la fe lo que realiza el efecto deseado, porque de ser así, un solo mantra serviría para todo.

Los yoguis hindúes dan mucha importancia al sonido del mantra y la vibración que éste emite. Es por esto que algunos mantram se mantienen en secreto para los que no son iniciados. Algunos religiosos chinos, japoneses y tibetanos, al pronunciar determinados mantram, visualizan en cada sílaba el color de un rayo (se le llaman rayos a las siete principales descomposiciones de la luz).

La palabra *oum* es parecida al sonido "one" (el número uno en inglés) y los psicólogos y psiquiatras que no quieren implicarse con el esoterismo, a fin de ayudar a sus pacientes a recobrar su armonía interior, les indican que se relajen mientras respiran profundamente y dicen: uuaaaannn....uuaaaannn....uuaaaannn....

Este mantra es por excelencia un potenciador de la energía y por lo tanto, muy adecuado para energetizar los chakras. Te acuestas boca arriba, igual que en el ejercicio anterior, respiras pausada y profundamente y comienzas a pensar en tus puntos de energía más importantes empezando por el de la raíz. Aquí no visualizas sus potencialidades, ni cualidades. Solamente lo vez mentalmente y repites suave y lentamente, *oum*.

Tomas otra respiración y lo repites el tiempo que desees. Puede ser en esta forma: *oum* al tomar el aire y luego *oum*, al eshalar, visualizando que la energía es una corriente. Subes esa potencia eléctrica hasta el próximo chakra y así de uno en uno hasta llegar a la corona o coronilla. Allí la lanzas cargada de los mejores deseos para todo el universo y terminas este entrenamiento.

Ejercicio número 3

¿Sabes jugar el hoola hoola? Ese es el movimiento que debes hacer para fortalecer los chakras. Con esta práctica no se hace meditación porque es un ejercicio físico. De pie, comenzar a rotar el tronco. Entre mejor lo puedas hacer, sobresalientes resultados obtendrás. Primero lo ejecutas hacia un lado y luego hacia el otro. Esto además te dará una gran flexibilidad y te ayudará a quitarte los rollitos alrededor de la cintura. Igualmente te proporcionará un sentido mayor de equilibrio haciendo más grácil tu andar independiente del beneficio obtenido al desbloquear la energía.

Ejercicio número 4

Hacer la relajación en posición acostada boca arriba, al igual que en el ejercicio número uno. Colocar la mano dominante sobre el chakra, pero dejarla quieta. No moverla. Sitúala horizontalmente a unos cuantos centímetros sobre la piel.

Figura 21: Energizando el timo.

Figura 22: Energizando el plexo solar.

Figura 23: Energizando el sacro.

La extremidad superior dominante debe estar extendida, los dedos estirados y unidos. Visualizar que sale energía de la palma y pasa al chakra (figura 21). Este ejercicio también se puede hacer de pie. En esta posición puedes activar y balancear los primeros centros energéticos tanto por delante como por la espalda, hasta donde te alcance el brazo sin mucho esfuerzo (figura 22 y 23).

Estos reforzamientos de los chakras se lo puedes practicar a otra persona. Simplemente, el paciente se acuesta o se pone de pie y tú se los haces. A otro sujeto, puedes medirle la energía de los chakras con un péndulo. Antes de trabajar con o sin el péndulo sobre otro individuo hay que mentalmente pedir permiso a sus maestros, a su Yo superior y a los ángeles de la sanación. Para trabajar sobre alguien con el péndulo, la persona debe estar acostada.

Ejercicio número 5

Si sabes usar el péndulo, lo empleas en lugar de la mano. Es necesario que primero pidas permiso al yo interno de la persona a la que vas a medir el estado de sus centros de energía para repotenciarlos. Programándolo previamente para que con determinado movimiento, armonice las centrales energéticas. Si utilizas este objeto oscilante, no tienes que llevar la fuerza armonizadora de un chakra a otro ascendentemente como se hizo en lo ejercicios anteriores.

Si la rueda se mueve muy lentamente, la energía está muy baja. Entonces le colocas la mano como expliqué en el ejercicio número cuatro hasta que al probar con el péndulo, notes o veas que éste gira a una velocidad normal.

Todo es posible para el que cree.

—*Marcos 9:23*

capítulo veinte

La fe mueve montañas

La Biblia dice que si tuviéramos fe como el tamaño de un grano de mostaza (en el supermercado la venden como especia para aliñar las comidas —me refiero a los granos de mostaza, no a la fe—), podríamos mover montañas.

Efectivamente, querido amigo, la fe es quizás el principal aliado que tenemos en esta vida terrenal. Sin fe, la vida es muy ardua y árida, difícil y sin esperanzas. Sin fe no tenemos horizonte. Sin fe perdemos la capacidad de hacer milagros. Sin fe, no hay magia en nuestra vida.

Para poder crear tu vida como tú la mereces y deseas, hay que tener fe. Pero no solamente en Dios y en los grandes poderes del mundo espiritual, sino fe en ti mismo. Y otra cosa muy, pero muy, importante: no solamente tener fe sino usarla todos los días y a cada momento, tener fe como los niños. El reino de los cielos es para los que son como niños. Te invito a que rescates tu fe de niño. Aprovecho que estamos tratando este tema para regalarte un secreto: en el universo, en el Éter, nada deja de ser.

Lo que ha sido, lo que fue, lo que tuvo sustancia en alguna parte está. Es como en la computadora que muchas veces se pierde una información y aparentemente está borrada, pero si buscas por otros caminos, la encuentras, la rescatas. Así que, lo que fuiste, tuviste o eras, lo puedes volver a ser.

Por eso es que dicen: "donde hubo fuego, cenizas quedan". Visualiza, recuerda y siente como sentías cuando eras niño y en esa forma podrás recobrar no solamente tu fe sino todo lo que te interese de esa época.

Cuando tú tienes fe en Dios, en la Divinidad, en el Cósmico, en el mundo espiritual, mental y emocional y en la forma como funcionan sus leyes y las aceptas, tu integridad, el conjunto de tu ser completo, comienza a armonizarse con estas leyes, a entonarse con el ritmo de toda la naturaleza y del universo.

No podemos cuantificar la divinidad existente dentro del hombre.

Así como tu mente puede influir determinantemente dentro de tu cuerpo por medio de tu pensamiento y tu voluntad, igualmente puede influir en los medios externos. Hemos visto por televisión a Ury Geller doblando cucharillas a escasos centímetros de él, pero hemos podido comprobar que lo puede hacer con las que tienen en sus manos los televidentes.

Yo misma fui testigo. La primera vez que se presentó en Venezuela en vivo, arreglamos varios relojes desahuciados y mis sobrinos pusieron en sus manos cucharillas que se doblaron. Pero lo más asombroso fue que hace un par de meses vi por televisión una película sobre su vida que fue filmada por lo menos hace veinte años.

Al final, él dice que hagamos juntos ese experimento de arreglar relojes y doblar cucharillas. Me tomó de sorpresa. En ese momento no tenía a la mano ningún reloj que arreglar y lo primero que se me ocurrió fue tomar el control remoto del televisor que tenía la pila (batería del control) muerta.

Cuando terminó el experimento, la batería del control remoto funcionaba a la perfección y así duró quince días. O sea, que su poder extrasensorial no sólo funcionó a distancia de un lugar a otro, sino en la dimensión del tiempo.

No es ahora tiempo de acordarse de las ofensas. Y aunque pudiera vengarme de ellas, prefiero olvidarlas. Otro cuidado debe preocuparme en adelante en mi vida, cual es el de corresponder agradecido a los que me favorecieron, y conservar las amistades probadas en la adversidad.

— *Cicerón*
106-43 A.C.

capítulo veintiuno

El dominio de ti mismo

La humildad tanto material como mental y espiritual es la mayor riqueza. Para ser dueño de tu vida y de tus circunstancias, tienes que ser señor de ti mismo. Ser propietario de uno mismo quiere decir que uno es amo absoluto de su propia voluntad, de su propio carácter y aún de sus circunstancias.

El primer dominio que tú debes buscar en la vida es el de ti mismo. De nada te valdrá ser la persona más rica, más próspera, saludable, hermosa, inteligente, tener los mejores hijos, la mejor pareja, etc, si no tienes el poder sobre tu persona. Entonces, serás infeliz y no podrás obtener la paz profunda. Si no tienes el control absoluto de tu existencia serás vapuleado por las circunstancias y vaivenes de la vida, como hoja al viento o un pequeño barco en medio de una tormenta en alta mar.

El dominio de ti mismo debe ser tu principal meta, tu principal objetivo. El mando de tu naturaleza, de tu carácter, de tus sentimientos, de tus reacciones, es lo que te conduce hacia tu propia felicidad, al éxito, el desarrollo intelectual y especialmente el mental y espiritual. Cuando logres la victoria sobre ti mismo podrás evaluar el valor de tu propia personalidad.

Mientras no logres el señorío de ti mismo, serás esclavo. Pero no esclavo de alguien, sino de todos y de todo. Tienes que obtener esta conquista, la más importante de tu vida, porque lo más trascendental y principal entre las posesiones del ser humano es poseerse a sí mismo.

Cuando logres ser el dueño de ti mismo serás el amo absoluto de tu destino y no habrá poder en ninguno de los mundos que te rodean, capaz de apropiarse de tu voluntad si tú no lo permites.

Tienes que estar seguro en tu cabeza, tu cerebro, tu mente, tus sentimientos y todo tú, que tú, solamente tú, eres el jefe. Y como jefe debes ser muy mandón, dominante e insistente. Todo el día dándote ordenes y programaciones para el mejor logro de tus intereses.

Ser dueño de sí mismo es algo que se adquiere a través de un trabajo fuerte, continuado y con mucha disciplina. Como todo lo que vale, cuesta. Y entre más débil de carácter hayas sido, más trabajoso será empinar la subida. Así que decídete de una vez por todas: !Ya! Este es el momento para empezar a cambiar. A fomentar la fortaleza dentro de ti. A dejar atrás vicios y ataduras que solamente han servido para atrasar tu desarrollo en muchos campos.

Tienes que aprender que ante ti, tú eres el amo y no el esclavo. Tú eres el que decide, no tus apetitos ni tus debilidades porque debes tomar todas las decisiones con inteligencia. Inteligente es saber que hay ciertos alimentos que son dañinos, otros, que en exceso te engordan, etc.

Si es necesario pedir ayuda profesional, hazlo, pero ya suelta el libro y marca el teléfono. En el momento en que solicites refuerzo y apoyo de algún familiar o amigo, estoy segura que tienes muchas manos extendidas con mucho amor hacia ti.

Con el desarrollo del temor, de la poca valía va también la expansión de la ignorancia. Cuando alguien se considera ignorante, hasta ahí llegó. Esa persona va por la vida como tratando de pasar agachada. Suponiendo siempre lo peor. Esperando el desprecio de los demás debido a su propio oscurantismo.

Al respecto, tengo la siguiente anécdota. Una mujer que trabajaba en mi casa perdió la libreta donde el banco le anota lo que ella tiene en una cuenta de ahorros. Tampoco recordaba el número. Le sugerí que fuera a esa institución y que explicara su percance y que allí, luego de mostrar su documento de identidad, buscarían el número de su cuenta de ahorros en la computadora y le darían una libreta nueva donde aparecería reflejado lo que tenía depositado en dicha entidad bancaria.

Inmediatamente me argumentó que a ella nadie le iba a hacer caso y que no se la darían. Efectivamente, dos veces fue y quien la atendió le dijo que si no daba el número de la cuenta, no le podían dar una libreta nueva, o si no mostraba la libreta, no podrían reemplazarla.

Tomé el teléfono, solicité hablar con el jefe de cuentas y sin identificarme, le expresé lo que le pasaba a esta pobre mujer. El ejecutivo me respondió que inmediatamente se la darían. Le pedí el nombre de la persona que debería atenderla y el suyo. Le expliqué a la mujer, anotándole en un papel las señas de este oficial bancario quien daba la orden a fulana para que la atendiera en tal agencia del banco y en cual departamento.

La respuesta de la mujer a quien se le había perdido la libreta fue: "Claro, a usted la atendieron porque supieron que es esto y lo otro y comenzó a hacer una apología. En cambio a mi, como me ven que soy humilde, una mujer de servicio..." y continuó denigrándose. Fue cuando le expliqué que no me había identificado por teléfono, ni tampoco me habían visto personalmente. Simplemente, hablé con seguridad para exigir un derecho.

El dominio personal es también el poderío sobre la vida. La victoria sobre las circunstancias. Nadie puede ir a un banco a pedir un préstamo con un talante de tristeza que se ponen encima los que piden limosna en la calle donde las cejas son dos líneas oblicuas cuya parte inferior queda en las sienes, con cara de infelicidad, de miseria, de pobreza, con la espalda doblada, el brazo encogido y la mano extendida en señal de pedir. Y decirle con las voz más lastimera del mundo, la que sale de la boca en un susurro: por favor, por caridad, deme un préstamo. ¡No se lo van a dar!

La actitud es decisiva. No podemos ir por la vida arrastrando una apariencia de derrota, de miedo, de cobardía o de ignorancia. Lo cual es muy distinto a cargar con un talante de falso orgullo y de prepotencia porque son tan dañinas para nuestra personalidad y para los fines que deseamos alcanzar en la vida, tanto la una como la otra. En todas las épocas y en todas partes, ha habido y da lástima saber que aún subsisten personas que están buscando liberarse para poder lograr el dominio de sí mismas.

Quieren zafarse de algún complejo o situación o simplemente tener la libertad de identificarse con algo. Son personas que luchan por quitarse las ataduras que ellas mismas se han impuesto ante la vida o que se entregan sin dar la pelea.

Soy un ser afortunado: soy dueño y señor de mi propia vida y de mis circunstancias.

Estamos en una época, especialmente en el mundo occidental, donde cada quien, se supone, es dueño de su propio destino. Sin embargo, hay millones de personas que son esclavas del alcohol, de las drogas alucinógenas, inclusive de fármacos como por ejemplo los que sirven para dormir o "calmar los nervios", muchos de los cuales causan tanta dependencia que si se suspenden abruptamente, pueden producir hasta paralización del corazón.

Hay personas que son esclavas de necesidades sexuales, de empleos, del lugar donde viven, de su círculo social, de alimentos, de bebidas refrescantes, etc.

Vamos a dar un ejemplo: una señora que se mata limpiando la casa. Yo tenía dos tías que vivían juntas. Su manía era limpiar la casa. Lo hacían dos veces al día. Cuando alguno de los sobrinos llegábamos a visitarlas una de ellas traía un trapo muy bien lavado y procedía a limpiar las suelas de nuestros zapatos para permitirnos entrar. Eran esclavas de la casa. Analiza, mi querido amigo lector, que la casa, en este caso, no está con un látigo detrás del esclavo. Por lo tanto, lo que realmente esclaviza, es la mente del esclavo, la mente del que no es dueño de sí mismo. La persona que tiene poder, autoridad, derecho de propiedad sobre sí misma, sabe "manejar" ciertos sentimientos y pensamientos derrotistas, de fracaso, decepción, temor, miedo, cobardía, rencor, envidia, celos, etc.

Por el sólo hecho de ser humanos, nacimos con todos estos defectos. Pero lo importante es saber que los tenemos dominados, bajo control. Es de humanos tener miedo, pero es de valientes saber vencerlo con sabiduría porque el miedo es un aviso, al igual que la fiebre.

El miedo puede ser el indicador de que estamos en peligro y es cuando debemos saber manejar este sentimiento con sabiduría, esto es, buscar la mejor forma de encararlo.

No todos los peligros se sortean corriendo aunque si hay algunos en los cuales hacen falta un buen par de piernas. Por ejemplo: Hay un toro (o cualquier animal que nos ataque). Principalmente, debemos saber calcular a toda velocidad hacia dónde debemos dirigirnos para ponernos a salvo porque cualquier animal que está corriendo sobre cuatro patas, es más rápido que un ser humano que corre sobre dos.

He mencionado miedo normal, el miedo ante lo que nos puede producir daño. Pero el miedo anormal paraliza e impide el desarrollo en todos los campos: físico, mental, espiritual, sentimental, etc. Este miedo anormal es el que te impide ser dueño de ti mismo. Hay gente que tiene miedo paranoico a la pobreza y por lo tanto siempre se está sintiendo pobre. Hay personas que tienen miedo anormal a la enfermedad y a la muerte. Todo el tiempo están sufriendo, buscándose enfermedades imaginarias. Cualquier examen de rutina es una agonía y desvelo hasta que les dan los resultados.

En el momento en que aprendas a diferenciar entre el miedo salvavidas y el miedo acabavidas, entonces podrás llevar una vida placentera, armoniosa, próspera y feliz.

El miedo es igual que un imán: es magnético. Atrae con una fuerza poderosa por cuanto el miedoso le dedica mucho tiempo al miedo, dándole energía. Entre más aprehensión tienes de una cosa, más fuerza le están dando para que se haga realidad.

El temor se vence familiarizándose con él. Así tendrás la oportunidad de conocer perfectamente sus debilidades.

Intenta familiarizarte con algo que te da pavor y verás que muy pronto a ese monstruo granítico le vas a encontrar los pies de barro. Te darás cuenta que "no era tan fiero el león como lo pintan". La mejor forma de familiarizarte con el temor y como desenmascararlo es a través del amor y la confianza en Dios.

El temor impide la realización de los dones cósmicos. El temor paraliza la acción. Para librarte de miedos, obsesiones y complejos tienes que desarrollar el poder de tu mente y el poder de tu fe. No tienes que hacer planes elaborados. Es muy sencillo. En el preciso momento en que sientas cualquiera de estos sentimientos, cancélalo. ¿Cómo? Simplemente diciendo, "¡Cancelado!" E inmediatamente cámbialo por un pensamiento positivista, optimista, alegre, es decir, todo lo contrario de lo que cancelaste. Por otra parte, ya que sabes el valor del decreto, aprovecha y sentencia: "En nombre de la amada presencia de Dios en mi, decreto y ordeno, en armonía con todo el mundo y de acuerdo a la Gracia Perfecta de Dios, que los miedos se han ido de mi vida. Que el complejo de inferioridad se ha ido de mi vida . Que mi obsesión por tal cosa, se ha ido de mi vida..." y así cualquier otro elemento que quieras eliminar. Comienza por uno solo.

Cuando alguien tiene varios enemigos —en este caso enemigos-defectos— no puede pretender afrontarlos a todos al mismo tiempo porque lo que va a recibir es una paliza. En cambio, si se enfrenta a un enemigo a la vez, hay muchas probabilidades de triunfo. Estar triunfante te dará más seguridad de triunfo. Te hará sentir triunfador y por lo tanto podrás enfrentar con mayor confianza a los que siguen, pero siempre de uno en uno.

Desde el punto de vista psicológico no se puede combatir diversos defectos al mismo tiempo porque el sólo hecho de estar trabajando en la eliminación de uno causa mucho estress. Si atacas a varios al unísono, los nervios pueden acabar contigo. Por ejemplo: una persona quiere dejar su adición a las drogas, al cigarrillo y a la comida en exceso. No puede pretender atacar estos tres defectos a la vez. Antes por el contrario: si ataca uno solo, los otros dos le ayudarán a compensar la privación de una adición.

Es necesario que sepas que el cambio no va a suceder en un día. Hay que tener constancia. Es igual que una persona que tiene sobrepeso. Le ha dicho el médico que con determinado régimen puede perder tres kilos semanales. Si la persona lo único que tiene son tres kilos de sobrepeso, en una semana está lista. Pero si tiene treinta, necesita diez semanas para volver a su peso normal.

Las diferencias de opinión son a mi entender, una de las grandes causas a las que debemos el progreso de las luces y la moderación del espíritu. La tolerancia religiosa y política, es una de las mayores pruebas de sabiduría. Sobre la tolerancia descansa la paz, y casi diría que todas las virtudes que pueden constituir el bienestar del mundo.

— *Charles James Fox*
1749-1805

capítulo veintidós

Tolerancia: clave del éxito

La intolerancia es un tipo de cáncer que enferma al alma. Aunque no critiques con palabras lo que no toleras, de todas maneras te está haciendo daño. Está envenenando tu organismo mientras estás rumiando tu disconformidad con la actitud o el pensamiento de otros.

Hay que vivir y dejar que los demás vivan. Analiza sinceramente si son ellos los que tienen la razón y tú el que está equivocado.

Todos tenemos un poco más, un poco menos de intolerancia porque, como expliqué antes, es nacida de nuestro egoísmo. También hay allí una gran dosis de vanidad, orgullo y soberbia, por cuanto no permitimos que los demás disientan de lo que pensamos. Esto quiere decir que nos creemos los amos absolutos de la verdad, los perfectos, los infalibles. Tenemos que comprender que estas cualidades no son humanas.

Todos cometemos errores, todos nos equivocamos, todos somos ignorantes en muchas cosas. Entre más sabemos mayor es la comprensión de lo que se nos ha quedado sin estudiar. La gente ignorante cree que hay muy pocas cosas por aprender. Recuerdo a un campesino analfabeta que me dijo, "Mi hijo ya sabe leer y escribir. Por eso lo saqué de la escuela, porque ¿qué más le van a enseñar?" Aquí bien se puede aplicar lo que decía mi mamá: "la ignorancia es atrevida".

Igualmente sucede con la terquedad. La terquedad no es propia de gente sabia porque el inteligente sabe reconocer que está equivocado. Hay veces que uno presencia unas discusiones que son un monumento a la estupidez.

La persona talentosa no pierde energía en discusiones estériles. Si alguien está porfiando contigo que el año tiene trescientos días, ¿para qué vas a acalorarte, perder tu tiempo y hasta la salud para demostrarle a ese burro que está equivocado? Por más que esa persona insista, grite, haga lo que haga, no puede cambiar una realidad como esa. Puede incluso publicarlo en todos los periódicos del mundo, pero el año seguirá inmutable con sus trescientos sesenta y cinco días y un cuarto. Es posible que una persona en medio de una polémica se de cuenta que está en el error, pero su falso orgullo le impide decir, "Sí, tú tienes razón, yo estaba equivocado". En lugar de eso comienza a subir el tono de la voz y hasta termina la discusión en una pelea. Lo mejor es eludir esas personas. Es más saludable si te alejas pensando, "Cree lo que quieras. Te mando luz y amor". Y así no alteras tu tranquilidad.

Te sugiero las siguientes afirmaciones a fin de que desarrolles en ti la tolerancia. Las personas tolerantes son

muy apreciadas y queridas por cuanto la contemporiza-
ción es la base para todas las buenas relaciones humanas.
Por la tozudez es que comienzan todas las peleas y discusiones desagradables, las que terminan en distanciamien-
tos entre hermanos, entre padres e hijos, entre miembros
de la familia, socios, matrimonios, gremios, vecinos, etc.

La intolerancia es principal motivo de las guerras. Mientras haya guerras, todos los bienes se ahuyentan. En esa
circunstancia, los únicos que prosperan son los "perros de
la guerra", es decir, quienes directamente se benefician
con esa beligerancia.

**El, (ella, ellos) tienen al igual que yo,
a Dios dentro de sí. Por lo tanto tienen derecho
a vivir como les parezca. Yo también. Ellos
respetan mi forma de pensar. También
yo respeto su forma de ver la vida.**

**No envenenaré mi paz mental con
sentimientos de intolerancia.
No destruiré mi felicidad con
sentimientos de intolerancia.**

Es inimaginable la gran cantidad de bienes en salud,
dinero, alegría, paz, posición social, prosperidad, etc., que
están a tu alcance cuando dominas la condescendencia.
Trata de comprender a todos y a todo y tendrás paz dentro
de ti mismo.

Es posible que te preguntes: pero ¿qué tiene que ver la
tolerancia con mi prosperidad, salud, dinero, alegría y
paz? Mucho más de lo que te imaginas.

La persona intransigente tiene relaciones humanas muy difíciles. Habrás oído decir, "no me gusta hacer negocios con esa persona". Hasta para tener éxito en los negocios, tienes que saber transigir.

Veamos este ejemplo: has puesto un precio a determinada mercancía. Viene un cliente y te dice que piensa comprarte cien unidades. Pero que si le bajas el diez por ciento, adquirirá dos mil unidades. No puedes quedarte en que yo dije tal precio y de allí no me muevo porque el posible comprador, o se queda con el pedido inicial, o se va para otra parte a hacer negocio con alguien más flexible.

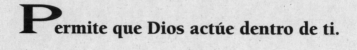

Permite que Dios actúe dentro de ti.

capítulo veintitrés

El maravilloso estado de paz

Permite que Dios actúe dentro de ti. Expresó Jean Claude de Saint-Martín, fundador de la Orden Martinista y místico rosacruz, esta es la manera de darle la oportunidad a Dios para que obre milagros en tu vida. Ya hemos comentado sobre este particular en otro capítulo. Si tú no se lo permites, Dios no lo hará. Eso es lo que tiene que buscar la persona que desea superarse espiritualmente. Es la única forma de conseguir la paz profunda. No debes olvidar que el humano por su naturaleza espiritual tan elevada busca a toda costa a Dios. Ese es su deseo primordial y por lo tanto no podrá obtener la armonía interior ni la felicidad, si no tiene a Dios instalado en su corazón, para lo cual necesita estar consciente de ello. Entre más intensa sea la introspección de nosotros mismos en la búsqueda de Dios, más cercanos estaremos a El y a la verdad.

Cuando más angustiado te encuentres ya sea por tus propios problemas, los de familiares y amigos, la situación económica del país, el desempleo, guerras, etc, lo mejor que puedes hacer es entrar dentro de ti y reencontrarte con tu divinidad. Hallarás inmediatamente la paz y la armonía profunda.

Amo a toda la humanidad porque es la mayor expresión de Dios sobre la Tierra.

Ponte en estado de meditación como lo acostumbras a hacer, o siguiendo las instrucciones que doy en el capítulo quince, "Importancia de la meditación".

Entra decidido a hacer una meditación extraordinaria para enviar y recibir amor incondicional.

Concéntrate en el chakra del corazón. Está armonioso. Siente que te llenas de un profundo amor. Emana efluvios de amor para tus padres (aunque estén muertos).

Envía amor a tu pareja o cónyuge (aunque haya fallecido). Manda amor a tus hijos así no los tengas en esta encarnación. Envuelve en amor a tus hermanos. Continúa haciendo llegar amor a relacionados, parientes, amigos, compañeros de trabajo, de actividades, socios, vecinos, etc.

En cada persona, concéntrate en sentir el amor. Visualízate abrazándola, intercambiando el amor. Con los ojos de tu mente mírate haciendo las paces con cualquier humano, animal o planta con quien te hayas enemistado.

Envíale mucho amor aunque no lo sientas. Pídele perdón si lo ofendiste. Perdona si te agravió. No guardes ningún resentimiento.

Ahora, con los ojos de tu mente, mira a tu corazón como un gran faro de luz y proyéctalo a todas esas personas, amplíalo hasta toda tu ciudad, tu país, tu continente, los otros continentes por separado cada uno y luego al globo terráqueo. Visualiza que son rayos luminosos produciendo paz, armonía, prosperidad y salud en toda la Tierra.

En esta meditación, si deseas, aplicas este mismo ejercicio al chakra del timo y después al de la corona. Lo puedes hacer en una misma sesión con los tres chakras si tienes por lo menos media hora para ello o cada punto energético por separado si sólo cuentas con diez o quince minutos de tiempo. Es increíble la sensación de amor, de entendimiento, de solaz, de todo lo bello y hermoso que uno siente después de hacer este ejercicio/meditación. Esto es, porque estás dando. *Y el que da, recibe.*

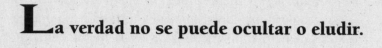

La verdad no se puede ocultar o eludir.

capítulo veinticuatro

Enseñanzas y pensamientos

La verdad no se puede ocultar o eludir. Lo que es, es, aunque lo niegue todo el mundo.

Todo lo que necesitas, te será dado, siempre y cuando trates de ayudar a otros.

Porque a lo mejor estás sirviendo de "canal" o "instrumento" divino para entregar la respuesta cósmica a otra persona. Igualmente en esta frase se revela la importancia que da el mundo espiritual al amor y a la comprensión que debe haber entre los seres humanos.

Entre más bondad desarrolla una persona, más sensible se hace a la maldad, la falsedad y el egoísmo que hay a su alrededor.

Las personas insensibles son las que no tienen sentimientos. A medida que desarrollas tus capacidades para disfrutar de las cosas bellas, paralelamente se está acrecentando tu sensibilidad ante lo contrario.

Aumentas tu facultad de éxtasis a la vez que incrementas tu capacidad de sufrimiento. Si gozas y te embelesas ante la belleza de un paisaje, también sufres cuando ves que se atenta contra esa hermosura y la ecología. Si te has convertido en un gourmet, disfrutas al máximo el mejor plato, pero también sientes más que las demás personas displacer no solamente ante la comida mal preparada, sino al probar una que no sea excelente.

Se deben crear condiciones y ocasiones, pero nunca ser esclavo de ellas.

La gente próspera y saludable hace deportes.

Por más ocupado que estés, siempre hay en tu agenda un lugar para hacer lo que más te gusta. Por lo tanto, saca también tiempo para mover todos los músculos de tu cuerpo, inclusive los órganos internos necesitan un poco de movimiento. El yoga los pone en acción para mantenerlos sanos. El estado de salud y de ánimo que produce el ejercicio son inigualables. Es por lo que los deportistas se vuelven adictos. Esta es la mejor y más sana adición que puedes tomar.

Hacer buenas obras disminuye las tensiones
que agobian al mundo.

Obras pías no es solamente hacer actos de caridad y
punto. Son también actitudes y gestos de amor, compasión, comprensión, colaboración, desprendimiento,
ayuda, entendimiento, buenos pensamientos y buenos
deseos. Esta creación de emanaciones positivas va polari-
zando las energías de la Tierra y por lo tanto, quitándole
mucho del agobio que tiene nuestro planeta.

Comienza a sentirte feliz por todo el bien que le
ocurre a los demás. Serás feliz tú también.

Si así fuera, sería una sumatoria progresiva porque siempre habrá alguien que tenga algo que celebrar, un motivo
para ser feliz. Si tú te alegras por la felicidad de cada
quien, todos los días tendrás motivos para ser feliz.

Lo que deseamos a otros,
se revierte sobre nosotros.

Por eso es tan importante la caridad, desear a todos los
demás lo mejor, que estén llenos de salud, que prosperen, que les vaya bien, que sean felices, que tengan hijos
estudiosos, que sean buenos padres, buenos hijos, buenos hermanos, buenos familiares, que los demás sean
buenos ciudadanos, que todos sean respetuosos amantes
de la patria....

Nuestros pensamientos y nuestros deseos
nunca podrán estar por encima de lo que
obtengamos. Es con éllos con los que
ponemos límites, frenos y obstáculos
a nuestras metas y objetivos.

Nunca debería pasar un día sin agradecer
las bendiciones que recibimos de luz,
salud e iluminación.

Se debe ver lo sagrado de todas las religiones,
porque todos tenemos distintas formas de
acercarnos a Dios.

Para que cualquier cosa funcione, debe haber
organización, método y orden.

El deber que más descuidamos, es el deber de
ser felices.

— *Robert Louis Stevenson*
autor de La Isla del Tesoro

Puede considerarse próspero quien saca mayor
provecho de la vida porque está satisfecho con la
parte que la vida le ha dado.

Hay personas que por más fortuna que logren, no están satisfechos. Esa infelicidad e insatisfacción jamás dará la sensación de prosperidad. Es verdaderamente próspero quien así se siente y está haciendo algo auténticamente beneficioso por los demás.

Nunca la verdad ha sido tan mal interpretada, como la verdad Divina.

Bendecir es hacer uso correcto de la palabra: es bien decir.

Todo le llega a quien sabe esperar.

Saber esperar también es una virtud y sinónimo de madurez. Los niños son impacientes porque no han tenido la experiencia de la vida. No han aprendido a que todo llega, todo se acaba y todo pasa. Hay que saber esperar confiado. Cuando hay confianza y fe, la espera no desespera.

La suma total de la felicidad, es el mayor número de bien que hagas.

¿Porqué no te propones hoy mismo, regalar sonrisas?

A lo mejor haces una gran obra de caridad, especialmente si encuentras a algún energúmeno. Siente lástima
por él. Estar amargado es muy desagradable. Quien lo es
sufre mucho porque todo lo ve desde el lado negativo y es
una persona que se está acarreando problemas constantemente, los que a su vez le aumentan la amargura. Recuerda que lo más agradable que hay es estar contento.

Cuando la persona está alegre, todo lo ve color de rosa y
su vida la hace más placentera ya que no es tan severo al
juzgar. Así que, ahora mismo, al primer amargado que
encuentres, dedícale la más bella de tus sonrisas porque te
sale del fondo del corazón y va cargada de amor y compasión. También puedes obsequiar sonrisas y una palabra de
aliento a una persona que está triste.

Ayudar a la naturaleza, es mejorar tu sistema de vida.

Es mejorar tu entorno. Esto encuadra en el dicho: "el
que no cuida lo que tiene, a pedir se queda". Rodéate de
plantas bellas y sanas, las que con su poderosa energía
estarán en un constante intercambio de cosas hermosas
contigo. Las plantas refrescan el ambiente, producen oxígeno y son la decoración más hermosa que puedas tener
tanto en tu vivienda, como en nuestro planeta.

El silencio es un bálsamo para el alma.

Demasiada conversación es dañina para el cuerpo físico y
para los cuerpos superiores. La mayoría de las pláticas tra-
tan temas triviales cuando no son críticas y maledicencias.

Esto crea una barrera entre la consciencia y la naturaleza superior del humano. Quien habla mucho no escucha y no se da tiempo para pensar, para darse cuenta, ni para crear. Trata de que de hoy en adelante tu conversación sea un bálsamo que restañe heridas ajenas, no algo que las abre. Que también ayude a ilustrar a otros.

Turbarse por un reproche es reconocer que se ha merecido.

La edad para el humano es igual que para el vino: agua los malos y mejora los buenos.

— *Cicerón*

Esto debe darte mucho que pensar. Desde muy joven, prepárate para la vejez. Cuida tu piel, no te expongas al sol, ponte cremas hidratantes y nutritivas, pero sobre todo, se amable, cariñoso, dulce y tolerante para no convertirte en un viejo amargado. Vigila la postura de tu columna vertebral para no ser un viejo jorobado. Mantén la sonrisa a flor de labios para no llegar a viejo con cara de cañón. No arrugues el entrecejo para que no se formen rayas profundas en medio de las cejas. Cultiva tu intelecto para que conserves la memoria. Ejercita tu cuerpo físico, para que no pares el tráfico al tratar de bajarte o subir a un automóvil.

Nuestra divinidad nos permite crear, visualizar y luego empleando la fuerza de voluntad, convertir en realidad.

Muchas cosas se juzgan imposibles de hacer,
hasta que están hechas.

— Plinio

En la historia moderna tenemos miles y miles de cosas
que fueron juzgadas imposibles. Por ejemplo: la creencia
que el ser humano no puede viajar a más de 30 kilómetros
de velocidad (dentro de un aparato) porque su cuerpo no
lo resistirá, las marcas de los atletas en las distintas disci-
plinas, los viajes submarinos y los estelares, incluso el
mismo avión, el submarino, etc.

El éxito va acompañado de la evolución.

Cuando la persona no está preparada para el éxito, si lo
alcanza se le escapará de las manos. Por eso debes planifi-
carlo en todos los sentidos. Entre más sepas, más vales.

Aprende a ser tú, siempre y cuando no
perjudiques a los demás.

La vida en todas las culturas y sociedades ha impuesto y
sigue imponiendo parámetros de usos y costumbres para
cada "rol" o papel que tengamos que desempeñar. "Estos
guiones dramáticos" son suposiciones sobre la forma
cómo debemos o no debemos actuar. Muchas veces estas
imposiciones son ridículas falsedades a las cuales no
podemos ni debemos someternos por cuanto coartan
nuestra personalidad y hasta derechos. Aprende a ser tú,
siempre y cuando no perjudiques a los demás.

Al haber éxito, hay un escalón que
se ha sobrepasado.

El que no disfruta del amanecer,
no es por culpa del amanecer.

Dios es belleza en acción.

Sí, es belleza, armonía, plenitud, salud, juventud, fortaleza, perdón, amor, éxito y prosperidad en acción. Métete
en el radio de acción de Dios para que no solamente te
impregnes de estas virtudes sino que éllas se conviertan en
parte de ti mismo.

El que no oye consejos, no llega a viejo.

— *Anónimo*

Las personas más exitosas en todas las épocas han sido y
son aquellas que han sabido rodearse de excelentes aseso-
res (consejeros). "Cuatro ojos ven más que dos" y "los
toros se ven mejor desde la barrera" son dos dichos popu-
lares que bien pueden aplicarse aquí. Por lo tanto, es
mejor dejar el orgullo a un lado y permitir que alguien
bien intencionado te de un consejo a seguir.

Señor: Te doy gracias porque me está llegando la sabiduría consciente.

capítulo veinticinco

Decretos para cada día

Cuando te llenes de sabiduría, serás el dueño del mundo, porque te reportará un gran conocimiento ya que desarrollas las facultades mentales y cerebrales. El conocimiento vendrá a ti casi por ósmosis y tendrás la memoria excepcional para recordar todas las vivencias. Igualmente tendrás la prudencia y el tino para saber aplicar en el momento preciso y en la forma adecuada todo lo que sabes.

Soy escuchado en mis plegarias, porque sé escuchar a los otros en su aflicción.

Yo pongo en marcha mi corazón y mi espíritu.

Esto deberías repetirlo constantemente, en especial cuando te sientas decaído, sin ánimo. Es una forma de levantarse.

Doy gracias porque he recibido
abundantemente.

Aquí haces énfasis en lo que más deseas, por ejemplo: sabiduría, salud, prosperidad, felicidad en el matrimonio, hijos estudiosos, te va bien en el negocio, etc.

Oh Dios, guíame de manera que pueda
entender la manifestación de Tus leyes.

Me propongo lograr todos mis propósitos
hoy y siempre, manifestando el amor y
la ética en todo momento.

Gracias amado Dios porque soy muy feliz.

Cuando más sumido estés en la tristeza, en la angustia, en la desesperación, en la depresión, repite esta frase constantemente. Esto hará que poco a poco, sin darte cuenta, tu estado de ánimo cambie y comiences a ver las cosas y tu vida, desde otra perspectiva totalmente diferente. Te sentirás tal como lo has venido decretando: ¡*Feliz!*

Esta misma frase la puedes aplicar a otras circunstancias. Por ejemplo: Gracias porque estoy curado, gracias porque vendí esto o aquello o logré este objetivo, gracias porque hice las paces con fulano, gracias porque tal negocio ya se dio, etc. Todos estos hechos los das como cumplidos, tal como se te ha dicho en varias oportunidades a lo largo de este libro, aunque solamente se estén esbozando en tu mente.

Hoy es un día mágico: estoy confiado en la magia de los milagros que me aguardan.

Yo disfruto el aquí y el ahora.

Vivo el presente y disfruto el presente. Gozo con todo lo que tengo a mis disposición: la vida, el aire que respiro, el agua, la naturaleza, la amistad, la familia, mi hogar, mi trabajo, etc.

Yo espero con fe, el milagro de cada día.

Esta es la manera más gozosa de vivir. Cuando esperamos confiados en que cada día será mejor, estamos abiertos y preparados para recibir esos magníficos milagros que nos ofrece el diario vivir.

Si Dios no hubiese querido que los sufrimientos corporales fueran disipados o aliviados en ciertos casos, no hubiera puesto medios curativos a nuestra disposición.

— *Allan Kardec*

capítulo veintiséis

Decretos de salud

En 1970, los cardiólogos Ray Rosenman y Meyer Friedman de California, después de muchas pruebas, describieron el tipo de personalidad más proclive a las enfermedades del corazón. Las catalogaron tipo A y tipo B. Las personas del tipo A son más propensas que las del tipo B por cuanto son más impetuosas, activas, dinámicas y adictas al trabajo, no pueden delegar ni descansar. Esta "competencia constante" eleva la tensión y el ritmo cardíaco y poco a poco, va minando la salud.

La salud de mi cuerpo va directamente relacionada con mi actitud mental enérgica, armónica y tolerante.

Esto es indiscutible: hay actitudes mentales que envenenan no solamente el alma, sino el cuerpo.

Yo afirmo en este día, ser causa y efecto de todo el bien que pueda generar para mí mismo y para los demás.

Excelente condimento de la comida es el hambre.

— *Cicerón*

Si quieres conservar la salud, en especial de tus vías digestivas, come únicamente cuando tengas hambre y ten en cuenta que el cerebro se demora en dar la señal de saciedad. Es por tal motivo que como no la hemos recibido, seguimos ingiriendo alimentos y, de repente, nos sentimos ahítos y hasta arrepentidos de haber comido tanto. Si sigues estos consejos, además de buena salud, no tendrás sobrepeso.

Todos tus órganos funcionan mejor cuando estás contento.

Si estás alegre, te hallas afinado y esa concordancia por lo tanto, se encuentra en todo tu organismo. Fortalece tu salud física y mental. Esa armonía no se queda allí. Traspasa tus límites al ambiente que te rodea y contagia tu entorno y a quienes están cerca a ti.

Sana tu mente de prejuicios y complejos,
y lograrás un cuerpo sano.

Somos lo que comemos y lo que pensamos.

Los libros sagrados de las principales religiones preconizan que el ser humano es el resultado de lo que le entra por la boca y de lo que piensa. También influyen decisivamente el aire que respira y el ambiente en que vive. La alimentación es tan importante que afecta hasta nuestra parte espiritual. Por eso se recomienda no meditar después de una comida fuerte, sino más bien tener el estómago vacío o semivacío para obtener mejores resultados.

En cuanto a lo que se piensa, es bien sabido que el pensamiento es una energía poderosa que hace realidad tarde o temprano lo pensado. Por lo tanto, si deseas tener buena salud en todos tus cuerpos, vigila lo que comes y lo que piensas. También podemos leer: "Según piense el hombre, así es". Esto quiere decir que lo que piensa el ser humano, refleja su verdadera y auténtica personalidad.

Un corazón contento alegra el rostro.

Y uno triste, lo deprime. Esto está escrito en el Eclesiastés. Quiere decir que nuestras emociones se reflejan en la cara. Y nuestras alegrías y tristezas no solamente afectan órganos nobles como el corazón sino a todo nuestro organismo.

La sonrisa es el mejor remedio
para todos los males.

Cuando te sientas triste, no importa el motivo que sea. Suelta una carcajada y repite el nombre del ángel de la alegría, Shara. Llama a Shara varias veces, intercalando su nombre con carcajadas. Ya verás que te volverás adicto a esta receta.

Las fuentes de la curación y la percepción se encuentran en lo más profundo de ti.

Porque dentro de nosotros reside la chispa Divina que conlleva todas las cualidades de Dios. Es allí, dentro de nosotros mismos y en silencio, donde encontraremos las respuestas y la energía para crear nuestra sanación y muchas otras cosas perfectas.

Decreto para enfrentar una enfermedad (propia o ajena)

Niego la apariencia de toda afección física. No la acepto ni para mí ni para nadie. En nombre de la amada presencia de Dios en mi, decreto que yo soy vida y salud. Todos somos Vida. La Vida es salud, fuerza y alegría. Gracias Padre que me has oído.

Si el amor no se expresa, con el tiempo dejará de existir.

capítulo veintisiete

Pensamientos y decretos de amor

El amor es las huellas que dejan los ángeles.

En la casa donde el marido se lamenta
de la esposa, o la esposa del marido,
la felicidad nunca encontrará lugar.

— *Tomado del código de la civilización Aha*
época prediluviana

La compañía de un ser amado llena de regocijo;
nunca dejes de darle las gracias por ello.

Decreto de una ama de casa

Hoy es un día cósmico. Mi ser está totalmente inundado de amor. Mi hogar se consolida en el amor. Todas mis tareas las hago llena de amor y por tal motivo, quedará completamente radiante y hermoso. Al preparar los alimentos, doy gracias y bendigo a los animales y vegetales que dieron su vida para que nosotros estemos llenos de ella. Son comidas plenas de salud, vitalidad, alegría, amor y bendiciones. Quienes las consuman, quedarán pletóricos de estas cualidades.

En mi hogar sólo hay bellas vibraciones de amor, paz y comprensión entre mi esposo y yo, nuestros hijos y nosotros. Toda persona que viene a nuestra casa, ya sea de paso o accidentalmente, depone sus actitudes negativas antes de entrar y al marchar, lleva todas nuestras bendiciones y se va impregnado de las cosas bellas que reinan en nuestra familia.

Mi esposo, mis hijos y yo permanecemos siempre unidos en los lazos de amor del Padre. No existen rivalidades ni envidias entre nosotros ni para otras personas. Siempre dentro de la comprensión, la caridad y el amor vamos progresando todos los días, gracias a todas las bendiciones que recibimos constantemente procedentes del Altísimo.

Nuestra despensa está llena de los alimentos más nutritivos, sanos y sabrosos que el Padre Dios ha dado a sus hijos. Nuestras cuentas bancarias crecen día a día a fin de que podamos suplir con holgura nuestras necesidades y ayudar a los demás. Cada día todos en esta familia, bendecimos y damos gloria a Dios porque nos enriquece con todos sus dones tanto materiales como físicos, espirituales y mentales. Bendito Sea el Señor. Que así sea.

Decreto de una esposa

Gracias te doy Dios de mi corazón por el esposo tan bueno que me has dado por compañero (o hombre que me has dado por compañero). Yo reconozco Tu bondad en la bondad de ——— ——— (decir el nombre del cónyuge) quien, con su trabajo honrado y honesto, suple con creces las necesidades de este hogar. (En caso de que trabajen los dos, decir: junto conmigo.)

Se Tú el que reine siempre en nuestros corazones, junto con los ángeles del coro de los Principados, los ángeles de la unión familiar. Te doy gracias porque nuestro amor se consolida día a día. Nuestro hogar es nuestra torre de marfil donde el amor a Ti y entre nosotros dos y nuestros hijos es imbatible.

La salud de ——— es maravillosa porque se fortalece en la salud de Dios. Oramos juntos para permanecer juntos. Gracias porque orientas a ——— en todos sus caminos y eso hace que sus jefes reconozcan su talento, su generosidad, su desprendimiento, lo buen esposo y buen padre que es, y su gran capacidad de trabajo. Por tal motivo, Tú nos premias y nos das abundantemente a fin de que podamos tener el descanso merecido y disfrutar con "hartura" de todos tus bienes.

Gracias porque comprendiendo Tus leyes, nos comprendemos mejor en ti. Oramos juntos y juntos compartimos el diario vivir. Juntos te bendecimos y te damos gracias por tantos beneficios y bendiciones que nos deparas. Amén.

Decretos de una madre de hijos pequeños

Gracias Dios, amado de mi corazón, por estos querubines que me has dado por hijos. Son fruto del amor de ——— y mío. Así como nos has bendecido dándonos a ———, continúa bendiciéndonos, permitiendo que crezca(n) sano(s) física y espiritualmente hasta llegar a convertirse en nuestro orgullo

y el de toda su familia. Un(os) ser(es) amable(s), obedien-
te(s) a sus padres, cariñoso(s), inteligente(s), compasivo(s),
amoroso(s) y generoso(s). Te pido para mi hijo (a) sabiduría
y temor hacia Ti.

Que nuestros hijo (s) sea(n) útil(es) a la patria y útil(es) a
la humanidad. Así sea.

Decreto de una madre de adolescentes

Tanto mi esposo como yo, somos ejemplos dignos que nuestros hijos se sienten orgullosos de seguir. Permite que ellos
puedan ver y comprender lo bueno que deseamos inculcarles.

Te doy gracias porque son estudiosos, obedientes, ajenos a
tantos problemas que asechan a la juventud. Nuestros hijos se
han criado dentro del seno de una familia respetuosa y amante a Dios. Por lo tanto, son unidos a sus padres y entre hermanos y respetuosos a nosotros.

Gracias porque nuestros descendientes van siempre por Tu
senda, siguen Tus caminos. Son jóvenes de este tiempo, ale-
gres, saludables, hacen deportes y estudian para prepararse
para un mañana lleno de éxitos tanto en la prosperidad espiritual como física, emocional y material. Están pletóricos de
salud y de contento, de bondad y de inteligencia.

Gracias Padre porque nos has enseñado el camino para
guiarlos por Tus senderos. Gracias porque siempre estaremos tanto aquí, como en la eternidad, unidos en Tu amor y
en el entendimiento.

Señor: (pronuncia los nombres) está en su colegio (universidad). Permite que Tus ángeles orienten sus pasos a fin de
que no caigan en la tentación. Mis hijos son jóvenes buenos,
permite que lo continúen siendo hasta que lleguen a ser el
ejemplo digno para sus propios hijos.

Que lo que (pronuncia el nombre) está aprendiendo en su (colegio, universidad) le sirva para ser muy pronto una persona digna y relevante en nuestra sociedad. Que pueda ser útil a sus semejantes, desarrollando lo que hoy aprende. Permite que regrese a casa, sabiendo muchas cosas útiles para él y para la humanidad, habiendo subido muchos escalones en su camino evolutivo. Gracias Padre porque sé que me escuchas, ya que no te pido por mí sino por su propio beneficio.

Señor: mi hijo (pronuncia el nombre) está viajando en este momento. Te recuerdo Tu promesa: yo he creído en Ti, por lo tanto, envía a Tus ángeles a que lo protejan y lo lleven en las palmas de sus manos, sin que tenga ningún contratiempo, hasta su destino.

Decretos de un esposo

Doy gracias por la compañera que me has deparado para compartir mis días. Es una mujer buena, generosa, cariñosa, hacendosa, amante, comprensiva y desprendida. Por eso la amo y doy sin medida, sin cuantificar cuanto doy, porque sé que recibo mucho. Al llegar a mi hogar, una sensación de amor y de paz me envuelve. Disfruto la dicha de la compañía de mi familia.

◆

Permite Señor que los míos jamás tengan un motivo de queja de mi parte. Que por el contrario, yo sea el pilar y el espejo donde se puedan mirar con orgullo y el ejemplo a seguir. Te doy gracias porque me concedes que dignamente pueda mantener este hogar donde te bendecimos constantemente, donde el auténtico jefe eres Tú. Bendice a mi esposa (compañera), bendice a mis hijos. Guiándolos siempre por Tu senda de amor, prosperidad, felicidad y superación espiritual. Amén.

Decretos de un estudiante

La sabiduría de Dios, me llega a raudales. Por tal motivo poseo la comprensión, la memoria y el discernimiento divinos. Doy gracias. Me esfuerzo y trabajo fuertemente a fin de atesorar un gran cúmulo de conocimientos. Reconozco el esfuerzo de mis padres y de mis maestros: los amo y los bendigo. Bendigo a todos mis compañeros y pido por todos ellos, especialmente imploro con el corazón lleno de piedad, por aquellos jóvenes que han caído en las garras del vicio. Te doy gracias, Dios amado, porque me preservas de rendirme ante ésa y muchas otras tentaciones.

Soy un joven de este tiempo. Estudio, hago deportes, voy a fiestas, pero me conservo siempre en la mejor forma y con la frente en alto. No tengo nada de que avergonzarme, ni que avergüence a mi familia. El día de mañana, mis hijos podrán conocer todas las etapas de mi vida y sentirme orgulloso ante ellos.

◆

Mañana (hoy) tengo exámenes. Invoco al arcángel Mentoria (ángel de la educación) a fin de que me ayude a absorber un mayor cúmulo de conocimientos, los que no solamente me servirán para este examen sino que quedarán grabados en mi memoria por todos los días de mi vida. Estos conocimientos que estoy adquiriendo son la base para otros que obtendré en el futuro. Todo esto me servirá para mi superación y para servir mejor a mi país y a la humanidad.

◆

Bendigo y mando mucho amor al profesor (profesora) de esta materia, a fin de que escoja las preguntas adecuadas y califique en justicia y armonía divina.

Decreto de un maestro

Doy gracias, Divino Maestro, porque me has permitido seguir tus pasos guiando juventudes. Este es un trabajo que me enriquece día a día con nuevos conocimientos y nuevos valores morales y espirituales. Amo mi profesión y por eso la practico con entusiasmo y amor que se renuevan y acrecientan constantemente.

Permíteme llenarme de sabiduría a fin de poder transmitir en la forma más adecuada el conocimiento a mis alumnos. Te doy gracias porque todos ellos son jóvenes (niños) amorosos, estudiosos, aprovechan el tiempo y sé que en el futuro serán hombres y mujeres de los cuales todos nos sentiremos muy orgullosos.

Dentro de sus expectativas de jóvenes, imbúllelos de mucha alegría, no permitas que los contratiempos, sinsabores y dolores de la vida los amarguen. Por el contrario, que sean experiencias aleccionadoras de gran valor positivo para su espíritu. Que cada día sean más comprensivos, buenos, generosos, estudiosos, inteligentes, amorosos y caritativos. Los entrego a tus manos para que nos los devuelvas plenos de sabiduría, amor y prosperidad.

Permite que mi paso por su vida, deje una huella fecunda en todas las virtudes y en muchos conocimientos.

Decreto de un empleador

En esta empresa somos una gran familia solidificada por los lazos del amor, justicia y comprensión. Agradezco porque la mejor gente es la que viene a solicitar empleo a mi puerta. Yo sé que tu me la envías, oh Dios de misericordia. Vienen únicamente personas honestas, trabajadoras, de buenas costumbres, serias y responsables.

Por tal motivo, inmediatamente se establecen nexos de empatía y aprecio porque yo soy justo con ellos. Sé reconocer sus esfuerzos, aprecio su talento y su deseo de superación. Puedo confiar porque son diligentes y honrados. Entre ellos y yo haremos de esta ocupación una empresa próspera. Lo que aquí producimos lo hacemos con mucho amor y con el mayor deseo de beneficiar tanto espiritualmente como materialmente a miles y millones de personas. Que quien tenga contacto con un producto nuestro, aunque no lo compre, sienta que la bendición de Dios ha llegado hasta él (ella).

Que el ambiente de amor, comprensión, prosperidad y felicidad que reina en esta (fábrica, almacén, oficina, etc) trascienda hasta los hogares de nuestros empleados y clientes. Así sea.

Decretos de un vendedor (dueño de un negocio)

Señor: permite que todas las personas y empresas que están en este ramo prosperen abundantemente, que seamos venero de trabajo para muchas personas y fuente de ingreso para un gran conglomerado, que generemos una gran diversidad de actividades económicas.

◆

Bendice a todas las personas que pasan por mi negocio. No importa que no entren. Soy feliz porque Tus bendiciones de amor, comprensión, caridad, prosperidad, evolución espiritual, trascienden los límites físicos de esta empresa y sus vibraciones llegan hasta los transeúntes y negocios cercanos.

◆

Nadie se va de aquí con las manos vacías. En ellas y en sus corazones llevan toneladas de consuelo, sentimientos de amor y perdón. Esta compañía en su mercancía, transmite lo mejor a quienes la adquieran. La prosperidad que tenemos, emana y circula. Que quienes aquí trabajan, también prosperen conmigo.

◆

Bendigo todos los átomos que componen lo que yo vendo a fin de que transmitan esas bendiciones a los que se la llevan de aquí. Así sea.

Decretos de un vendedor (que vende directamente)

Soy una persona próspera y feliz. El producto que yo vendo es el mejor del mercado. Lo es porque está hecho con los ingredientes (componentes) de superior calidad. Se ha proyectado y fabricado con amor y con la mejor intención de servir. Hoy y siempre voy a entregar bienestar y felicidad a muchas personas.

◆

Soy próspero y continúo prosperando sirviendo a mis semejantes. El día de hoy es mágico. Seré un sembrador de sonrisas, ilusiones, esperanzas y prosperidad. Visitaré a todos mis clientes, siendo portador de todos los bienes del Padre.

◆

Oh Señor, humildemente te pido que me confíes Tus mejores dones para entregarlos a mis clientes. Ellos son gente buena que los merecen y los harán fructificar dándolos a su vez a otras personas. Permíteme que sea el primer eslabón y el más humilde de esta cadena de amor, beneficios y prosperidad.

◆

¡Te agradezco infinitamente porque me permites servir y dar felicidad a miles y millones de personas para quienes imploro Tus bendiciones!

Decretos de un jefe de compras

Amado Dios, te agradezco porque me has escogido para esta gran responsabilidad. Dame sabiduría para seleccionar lo más adecuado para nuestra empresa. Guíame donde están los productos que debo comprar. Permite que sean los mejores por su calidad y precio. Que al comprarlos, Tu estés premiando el trabajo honrado y honesto de quien ha confiado plenamente en Ti.

◆

Prospera a nuestros proveedores en beneficios tanto espirituales como materiales y que al llegar estos productos a este negocio, nos traigan muchas cosas buenas que nosotros a la vez, haremos llegar a nuestros clientes.

◆

Somos un humilde eslabón en la cadena de prosperidad del Padre. Pero el más fuerte porque de aquí, los productos salen recargados con muchas bendiciones y efectos altamente positivos, además de que hemos escogido con mucho cuidado y amor, lo mejor para nuestros compradores.

Decretos de un conductor de un vehículo

Este vehículo es conducido por los ángeles. Yo únicamente soy un instrumento de su sabiduría, destreza y prudencia. Gracias Dios mío porque por Tu bondad infinita, Tus ángeles nos llevarán y traerán con bien, no permitiendo que nos suceda nada malo, alejando de este vehículo cualquier daño o accidente.

Decretos de un músico o compositor de música

Soy muy feliz porque Dios me ha dado un regalo muy espe-
cial: el don de crear música. Gracias Padre porque junto con-
tigo, proporciono felicidad, paz y armonía a la humanidad.
Las composiciones musicales, producto de mi creación y los
arpegios que entrego, son símbolos de Tu generosidad y gran
amor para el género humano.

◆

Permite que esta música guste a una gran mayoría porque
pensando en ella, he trabajado. Que esta obra musical pueda
transmitir la profundidad de mis sentimientos: amor, paz,
comprensión, caridad, deseos de felicidad y prosperidad para
todos mis hermanos hijos Tuyos. Que prosperen y sean felices
quienes la oigan, quienes la toquen, quienes la canten, quie-
nes la adquieran, quienes la comercian en todas sus formas.
Gracias Padre, porque sé que es una realidad.

Decretos de un productor de alimentos

Produzco, gracias a Dios, los alimentos más sanos del uni-
verso (dulces, chocolates, pizzas, panes, pasteles, etc.). Los
bendigo y deseo que transmitan esas bendiciones a todos los
que los consuman. Que quienes los comen sean llenos de
salud, armonía y paz. Que estos alimentos sirvan para equi-
librar y afinar todos sus cuerpos.

◆

(Si hay cadena de distribución, decretar que) todos los que
intervienen en su preparación y comercialización sean pros-
perados y llenos de salud y felicidad. Que la venta de estos
alimentos sirva para que fluya la corriente de la prosperidad.
Así sea.

Decretos de un constructor (ingeniero, arquitecto, etc.)

Soy como el Creador: constructor de cosas bellas y útiles. Por eso me esfuerzo en entregar lo mejor de mí mismo. He planificado detalladamente esta obra, con los mejores elementos a fin de que honestamente le sea entregado lo mejor en calidad y materiales, en cálculos y diseño, a quien lo ha encargado.

◆

Es mi deseo que esta construcción llene de felicidad a quienes la disfruten, ya sea viviendo, trabajando dentro o en ella, o simplemente extasiándose en su contemplación, que esta obra sirva para embellecer aún más a esta amada ciudad, que sea un polo de atracción para muchas cosas buenas, caudal de bendiciones, inicio de otras obras de gran envergadura, de belleza, desarrollo económico y social para muchas personas. Doy gracias porque a través de ella, muchas personas y empresas se están beneficiando y así fluye abiertamente la corriente de la prosperidad.

Decretos de un paisajista

Crear belleza y contribuir a engrandecer aún más la armonía y la hermosura de la naturaleza, es un don muy preciado que recibo con humildad y agradezco inmensamente.

◆

Soy muy feliz porque mi creación inspirada por los ángeles del paisaje, contribuye en forma determinante a mejorar la ecología, la belleza de esta zona y a traer elementos que ayudan a restablecer el orden Divino en el planeta.

◆

Estoy construyendo un emporio de belleza y salud para el mundo de las plantas donde no solamente daremos impulso y nueva vida al reino animal y vegetal, sino que servirá para solaz, paz y armonización de los seres humanos. Esta obra contribuye en manera inconmensurable a mejorar en todo sentido esta zona y sus alrededores. Estoy seguro que tratarán de emularla y continuarán creando cada día más belleza ecológica. Este esfuerzo nuestro es un paso positivo en la restauración de la capa de ozono de nuestro amado planeta.

Decretos de un agricultor

Doy gracias porque la belleza de la creación Divina se manifiesta en mis campos que me han sido prestados por Dios para dar de comer a sus criaturas. Por tal motivo, lo que aquí se siembra amorosamente y con alegría sirve para dar salud, armonía, juventud y prosperidad a quienes trabajan con el deseo de que estos frutos de la tierra alimenten con hartura y toda clase de beneficios a muchos seres. Y ciertamente, quienes consumen estos productos se benefician con estos dones.

◆

Las cosechas que producimos, son cuantiosas y espléndidas como la abundancia y la generosidad de Dios para Sus criaturas. Por tal motivo, son también causa de prosperidad para nosotros (para mí) y para todas las personas y empresas que participan directa o indirectamente en su siembra, recolección y comercialización.

◆

Las aguas de mis campos, son puras, riegan y enriquecen no solamente mis tierras sino las de mis vecinos. Yo las dejo fluir libremente, cuidándolas y ayudándolas a purificarse a fin de que en su seno crezca la vida y se multiplique. Y para que libres, cristalinas y fortalecidas continúen corriendo renovando y fertilizando las tierras por donde han de pasar.

Decretos para conseguir empleo

Señor: Yo sé que Tú tienes para mí, el empleo que siempre he querido: (poner aquí la lista de todo lo que se desea obtener, dentro de parámetros lógicos).

Por ejemplo, una secretaria no pretenderá un despacho mejor que el del presidente de la corporación o un sueldo igual, pero sí aspirar el sueldo de la secretaria mejor pagada, el mejor ambiente de trabajo, el mejor jefe, los mejores compañeros, las mejores condiciones laborables, una oficina donde inclusive en su proyección le es lícito colocar el color de las paredes, las máquinas, computadoras, almanaques, sillas, alfombras, ventanas, etc. (decoración completa).

También tienes el derecho a solicitar su localización: esto incluye la ciudad donde quieres trabajar, la zona donde esté ubicado tu puesto de trabajo y si deseas, en un edificio muy alto para ver el precioso panorama o prefieres en uno pequeño, o en una casa que haya sido adaptada para oficinas.

Primero hacer la lista bien definida y luego dar las gracias porque eso es lo que se ha planificado en el Cosmos para ti y después visualizarlo varios minutos en tu mente, lógicamente contigo adentro como principal complemento o ingrediente fundamental.

Decreto para conseguir un empleado

Gracias te doy oh Padre, porque Tú eres el mejor empleador del universo. En algún sitio está la persona ideal para la vacante que necesito llenar. Tú conoces el lugar donde está quien necesita este cargo y que lo anda buscando a lo mejor pidiéndotelo.

Permíteme ser Tu canal, a fin de que ese ser tan bueno, competente, honesto, honrado, cumplidor de su deber, experto en esta materia, pueda conseguir el trabajo que necesita para suplir sus necesidades y las de su familia.

Concédeme la gracia de ser útil, ayudándolo, que él, laborando con nosotros, pueda ser Tu instrumento para colaborar con muchas personas. Gracias por concederme la gracia de servir.

Decretos para conseguir vivienda

Así como las aves del campo no tienen que preocuparse por el mañana, ni por su vivienda, así espero, confiado en Ti, Señor, en que me entregarás el techo que necesito para cobijarme de los rigores e inclemencias del tiempo.

Haz una lista de cómo quieres tu domicilio, por ejemplo, casa o apartamento. Defínelo de una vez: ciudad o lugar, zona en ese lugar, tamaño, características de la vivienda, forma, techos, paredes, todo lo que se te ocurra. Pide también los vecinos. Esto es muy importante, porque en los decretos puede resultar como en el cuento del genio. Por sí no lo sabes: un hombre le pide al genio de la lámpara milagrosa, "Que yo no vuelva nunca más a ver a mi mujer". Y !zuas! El hombre quedó ciego. Este cuento nos enseña que debemos ser muy explícitos cuando decretamos y cuando pedimos.

También, si tienes familia, debes pensar en el transporte si te queda bien lejos o cerca de tu lugar de trabajo, que haya colegios cercanos para tus hijos, centros comerciales o lugares para hacer las compras, etc.

Decretos para vender un bien

Lo que estoy vendiendo, alguien lo está buscando. Permite, Oh Dios bondadoso, que esa persona lo encuentre y que

pueda ser muy feliz con lo que estoy ofreciendo, que se bene-
ficie en todos los sentidos y que ese provecho se extienda a
muchísimas personas más. Gracias porque ya es un hecho.

Repetir muchas veces al día: Gracias Padre, Dios o como
tú quieras llamarlo porque ya vendí tal cosa. Incluso, si
tienes familia, diles que te ayuden en esta acción de gracias como si ya fuera un hecho cumplido.

Después, ofrécele a Dios que vas a dar un obsequio en
acción de gracias a alguien que lo necesite. Este regalo,
diezmo o como tú quieras llamarlo, puedes entregarlo a
una sociedad benéfica o a una persona que tú sabes necesita dinero o una ayuda monetaria. Se lo envías por correo
o a través de una tercera persona indicándole al que lo
lleva, que no debe decir tu nombre sino que proviene de
alguien que hizo una promesa.

Recuerda que es en agradecimiento y a lo mejor, al
entregar ese dinero estás siendo instrumento de Dios
Quien de esa forma está respondiendo a una solicitud de
alguien que necesita completar el pago de algo importante
o cubrir una necesidad.

No es para que tú te luzcas. Tampoco para dar limosnas
en la calle porque las limosnas en la vía pública contribuyen a que vivas en un país de limosneros. Además, Tú eres
cómplice de lo que se hace con el dinero que das. Si lo
entregas a alguien para que consuma droga o compre un
arma para asesinar o cometer un delito, tienes en eso tu
buena parte de responsabilidad.

Decreto para conseguir estacionamiento

Cuando vas a un sitio bastante congestionado, al salir de tu
casa, luego de encomendar el automóvil a los ángeles, dices
lo siguiente: *En nombre de la amada presencia de Dios en mí,*

decreto y ordeno en armonía con todo el mundo y de acuerdo a la Gracia Divina que voy a conseguir estacionamiento (donde aparcar mi automóvil) en un sitio estupendo muy cerca a —— —— (aquí dices y visualizas el lugar donde vas).

Noventa y ocho por ciento de probabilidades de que lo consigas. Incluso, muchas veces me sucede que me olvido de decirlo al salir de la casa y lo pronuncio cuando casi estoy llegando, invocando el hecho de que en el Éter el tiempo no existe, por lo tanto, supongo que Ellos ya sabían que yo lo iba a pedir. Y me funciona.

Pero si no lo consigues no te desesperes, que es porque no te convenía. A lo mejor te lo iban a chocar, rayar, robar, o allí te hubiera podido suceder algo malo. No se sabe de cuantas cosas malas nos están librando constantemente nuestros seres de Luz.

Decreto para salir bien en una operación quirúrgica

Yo estoy en las mejores manos. Bendigo al cirujano que me va a operar y doy gracias por sus habilidades. Decreto en nombre de la Divina Presencia de Dios en mí, en armonía con todo el mundo, y de acuerdo a la Gracia Perfecta que esta intervención va a ser un éxito y servirá para que todos los involucrados en ella adquieran una mayor experiencia que redundará en beneficio a mucha gente.

Al entrar en el sueño de la anestesia, me entrego en manos de Dios y de los ángeles de la salud. Mi vida y mi vigor están en Tus manos, oh Dios, y yo acepto confiado Tu Santa Voluntad. Permite que mientras esté en estado de inconsciencia no sea un tiempo perdido. Por el contrario, mi alma y mi espíritu aprovechen ese lapso trabajando para ayudar a otros.

Decretos para salir bien en un juicio

Oh Señor, te repito lo que dice El Antiguo Testamento: Tú me has visitado de noche, Tú conoces mis riñones y mi hígado. Tú sabes cuales son mis sentimientos y mi proceder. Si he actuado en este particular, de acuerdo a Tu juicios. Ilumina al magistrado de la causa para quien imploro honestidad, equidad y sabiduría, y que yo reciba Tu justicia canalizada a través de sus decisiones.

Deseo y solicito que este juez, no solamente haga justicia para mí sino que todas sus actuaciones estén permanentemente enmarcadas dentro de la ecuanimidad, rectitud y la sabiduría a fin de que siempre favorezca al justo. (Si hay jurado, pedir lo mismo para sus miembros).

Decretos frente a todo temor (propio o ajeno)

Niego el temor. Dios no creó el temor, luego no tiene otra existencia que la que yo le quiera dar y yo no acepto, no deseo más esta apariencia creada por mí. Suelto y dejo ir toda sombra de temor en mí (o en ti). El amor desarraiga todo temor. Dios es amor, yo soy Su hijo, soy hecho en, por y de amor. Esta es la Verdad. Gracias Padre.

Decretos frente a toda tristeza (propia o ajena)

Niego la existencia de esta tristeza (pena o depresión). No es una creación Divina. Borro en mí toda tendencia a la negatividad. No la necesito. No la acepto. Dios es dicha, gozo, alegría. Yo soy dicha, gozo, alegría. Gracias Padre por... (comienza a enumerar todo lo bueno que tengas hasta lo más insignificante. A lo mejor a ti te parece así, pero si miras hacia abajo, te darás cuenta que muchísimos quisieran tener lo que tu desprecias).

Decreto frente a todo lo que no sea armonioso

Niego la inarmonía. No acepto esta apariencia de conflicto. Dios es armonía perfecta. En el espíritu no hay choque, ni contrariedad, ni lucha, ni cosa alguna que se oponga al cumplimiento de la perfecta concordancia. Gracias Padre, bendigo Tu perfección en esta circunstancia.

Decreto por la paz mundial y frente a toda apariencia contraria

Gracias Padre porque eres paz. Gracias Padre que nada de lo que está contrariando este hecho tiene consistencia alguna, que todo es creación de los que te ignoran.

Perdónalos que no saben lo que hacen. Hágase Tu voluntad aquí en la tierra como es en Ti. Gracias Padre.

Oración al ángel guardián

Amadísimo Ángel mío que Dios Todopoderoso, en su inmensa bondad, ha designado como mi guardián y mi guía para lo cual, únicamente nos pide que te invoquemos e imploremos tu ayuda y compañía.

Hoy y durante el resto de mi vida, te ruego que estés siempre a mi lado, que me permitas conocerte más de cerca y sentir tu presencia junto a mí.

Oración para que tu ángel te libre de todo peligro

Repite con frecuencia la siguiente oración del salmo 91: *El que habita a la sombra del Altísimo, morará bajo el amparo del Omnipotente.*

Diré yo a Jehová: *Esperanza mía y castillo mío, mi Dios. En Ti, confiaré, y Él me librará del lazo del cazador, de la* peste destruidora. Con Sus plumas me cubrirá y debajo de Sus alas estaré seguro.

Escudo y adarga es Su verdad. No tendré temor de espanto nocturno, ni de saeta que vuele de día, ni de pestilencia que ande en oscuridad, ni de mortandad que en medio del día destruya....

Promesa del Señor: *Porque tú has puesto tu esperanza en Dios, al Altísimo por tu habitación, no te sobrevendrá mal, ni plaga tocará tu morada.*

Pues que a mis ángeles mandaré cerca a ti para que te guarden en todos tus caminos.

En sus manos te llevarán para que tu pie no tropiece en piedra. Sobre el león y el basilisco pisarás y hollarás la cabeza del cachorro del león y del dragón. Por cuanto en Mí has puesto tu voluntad (fe y esperanza) Yo también te libraré.

Te pondré en lo alto porque has conocido Mi Nombre. Me invocarás y Yo te responderé. Contigo estaré Yo en tu angustia. Te libraré y glorificaré. Te saciaré de larga vida y te mostraré Mi salud.

♦

He transcrito estas dos oraciones a los ángeles, porque considero que son de gran importancia para alcanzar los objetivos que nos proponemos: estar protegidos y tener ayuda espiritual constante.

La devoción a estos seres de luz, pertenecientes a la Jerarquía celestial, es algo que nos permite acercarnos al Reino Angelical y alcanzar estados de consciencia indescriptiblemente hermosos. Los ángeles son reconocidos invocados y venerados en todas las religiones que han existido y existen. Su localización dentro de ellas es únicamente cuestión de semántica.

Te quiero entregar también, al igual que acostumbro hacer en la mayoría de mis libros, la siguiente oración que es muy poderosa por cuanto fue entregada por un maestro de la Jerarquía quien se hizo llamar El Tibetano a la famosa vidente Alice Bailey.

Esta oración no tiene ninguna implicación religiosa. Cuando se refiere a "Que Cristo retorne a la Tierra", en realidad quiere decir el espíritu crístico que es el mismo espíritu búdico o sea, el estado de consciencia así llamado que no es otro que la comunicación, la comunión con el Espíritu de Dios que algunos llaman Espíritu Santo. Esta oración se debería leer o recitar especialmente cuando se enciende alguna luminaria o se prende un incienso y en todas las reuniones que se hagan con el fin de elevar la consciencia de los presentes.

La gran invocación

Desde el punto de luz en la Mente de Dios, que afluya luz a la mente de los hombres, que la luz descienda a la Tierra. Desde el punto de Amor en el Corazón de Dios, que afluya amor a los corazones de los hombres, que el espíritu del Cristo retorne a la tierra; desde el Centro donde la Voluntad de Dios es conocida, que los buenos deseos guíen a las pequeñas voluntades de los hombres en el propósito que los Maestros conocen y sirven; desde el Centro que llamamos la raza de los hombres, que se realice el Plan de Amor y de Luz y selle la puerta donde se haya el mal; que la Luz, el Amor, y el Poder restablezcan el Plan de Dios en la Tierra.

Palabras finales

Antes de ponerle el punto final a este libro, el que deseo con todo mi corazón y con toda mi alma te sea muy útil

en muchas circunstancias de tu vida, especialmente porque te ha enseñado que eres dueño de todo lo mejor. Lo
mereces y te pertenece. Que lo que decretas, si está en ley,
eso es tuyo. Que mientras más das, más recibes, etc. Tampoco olvides cuando necesites algo, dar las gracias como
si ya lo hubieras recibido.

Te quiero entregar un mantra de mucho poder. Lo repites en cualquier circunstancia adversa, cuando tengas
miedo, temor o estés nervioso o angustiado:

oum,
mani,
padmi,
oum.

Los hindúes lo pronuncian así: jom. mani, padmi, jom.

Te deseo lo mejor porque tú lo mereces.

Tu amiga,
Luz Stella.